아이가 원하는 세상의 모든 그림 그리기

ⓒ 허민영, 2021

이 책의 저작권은 저자에게 있습니다.
저작권법에 의해 보호를 받는 저작물이므로
저자의 허락 없이 무단 전재와 복제를 금합니다.

그림 그려달라는 말이 겁나는 엄마 아빠를 위한

아이가 원하는 세상의 모든 그림 그리기

허민영 지음

북라이프

아이가 원하는 세상의 모든 그림 그리기

1판 1쇄 발행 2021년 3월 30일
1판 2쇄 발행 2023년 1월 27일

지은이 | 허민영
발행인 | 홍영태
발행처 | 북라이프
등 록 | 제2011-000096호(2011년 3월 24일)
주 소 | 03991 서울시 마포구 월드컵북로6길 3 이노베이스빌딩 7층
전 화 | (02)338-9449
팩 스 | (02)338-6543
대표메일 | bb@businessbooks.co.kr
홈페이지 | http://www.businessbooks.co.kr
블로그 | http://blog.naver.com/booklife1
페이스북 | thebooklife
ISBN 979-11-91013-19-1 73600

* 잘못된 책은 구입하신 서점에서 바꾸어 드립니다.
* 책값은 뒤표지에 있습니다.
* 북라이프는 (주)비즈니스북스의 임프린트입니다.
* 비즈니스북스에 대한 더 많은 정보가 필요하신 분은 홈페이지를 방문해 주시기 바랍니다.

> 비즈니스북스는 독자 여러분의 소중한 아이디어와 원고 투고를 기다리고 있습니다.
> 원고가 있으신 분은 ms3@businessbooks.co.kr로 간단한 개요와 취지, 연락처 등을 보내 주세요.

프롤로그

아이는 자라면서 세상에 대해 알아가고

주변에서 관심 있게 본 것들을 그림으로 표현하기 시작합니다.

하지만 그림 그리기에 익숙하지 않은 아이는

엄마나 아빠에게 그려달라고 조르곤 하지요.

그럴 때마다 손재주 없는 부모는 어떻게 그려줘야 할지 막막해집니다.

열심히 그려도 뭔가 부족한 느낌이에요.

이 책은 아이의 그림 그려달라는 말이 겁나는 부모와

첫 손그림을 그리기 시작하는 아이들을 위해 만들었습니다.

저의 첫 그림 그리기는 김충원 선생님의 책으로부터 시작되었어요.

그림을 어떻게 그려야 할지 잘 모르던 어린 날의 제가

부모님과 함께 책 속의 그림을 따라 그리던 기억이 생생합니다.

신나게 따라 그리다 보니 어느새 자신감도 생기고

주변을 관찰하며 다양한 그림을 그리게 되었답니다.

여러분도 제가 경험했던 것처럼

이 책을 통해 온 가족이 즐거운 그림 그리기 시간을 보내고

그림에 대한 재미와 자신감을 얻기를 바랍니다.

허민영

차례

10   아이와 그림 그리기 전에 알아두세요
12   아이와 그림 그릴 때 이것이 궁금해요
14   무엇으로 그릴까요?
15   그림으로 재밌게 놀아요
16   ○△□로 다양한 그림을 그려보세요
18   숫자를 그림으로 만들어요

Part 1 사람

22   기분을 나타내는 다양한 표정
23   친구마다 다른 머리 모양
24   나랑 제일 친한 여자 친구
26   같이 놀고 싶은 남자 친구
28   세상에서 제일 좋은 우리 엄마
30   세상에서 제일 다정한 우리 아빠
32   응애응애 귀여운 아기
34   항상 반겨주는 할머니
36   허허허 웃는 할아버지

Part 2 동물

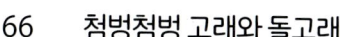

- 40 멍멍 장난꾸러기 강아지
- 42 야옹야옹 애교쟁이 고양이
- 44 누가 더 빠를까? 토끼와 거북
- 46 꼬꼬 닭과 꽥꽥 오리
- 48 개굴개굴 노래하는 개구리
- 50 꿀꿀 아기 돼지 삼 형제
- 52 히히힝 초원을 달리는 말
- 54 털복숭이 양과 부엉부엉 부엉이
- 56 흔들흔들 춤추는 곰 세 마리
- 58 으르렁! 동물의 왕 사자
- 60 어흥! 줄무늬가 멋진 호랑이
- 62 뿌우뿌우 코로 물을 뿜는 코끼리
- 64 목도 다리도 길쭉길쭉한 기린
- 66 첨벙첨벙 고래와 돌고래
- 68 쫓고 쫓기는 상어와 물고기
- 70 다리 개수 대결! 오징어와 문어
- 72 바닷속 친구 해파리·게·해마
- 74 힘센 공룡 티라노사우루스
- 76 나무보다 큰 브라키오사우루스
- 78 멋진 뿔을 가진 트리케라톱스

Part 3 자연·곤충

Part 4 음식

- 82 해·달·별·구름·무지개·번개
- 84 꿀을 먹는 나비와 꿀벌
- 86 멋쟁이 무늬 무당벌레와 잠자리
- 88 부지런한 개미·애벌레·달팽이
- 90 서로 닮은 장수풍뎅이와 사슴벌레
- 92 감사의 꽃! 장미와 카네이션
- 94 활짝 핀 해바라기·코스모스·튤립
- 96 재밌는 모양의 나무

- 100 새콤달콤 사과·딸기·포도·바나나
- 102 몸이 튼튼! 토마토·버섯·당근·수박
- 104 달달한 도넛·아이스크림·쿠키
- 106 케이크와 컵케이크로 축하 파티

Part 5 탈것

- 110 씽씽 도로를 달리는 자동차
- 112 부릉부릉 버스와 아이스크림 트럭
- 114 생명을 구하는 구급차와 소방차
- 116 출동! 경찰차와 헬리콥터
- 118 쿠궁쿠궁 포크레인과 레미콘
- 120 쌩쌩 빠른 고속 기차
- 122 하늘 위로 피슝! 로켓과 비행기
- 124 바다 탐험대! 배와 잠수함

Part 6 이야기

- 128 반짝반짝 별나라 요정
- 129 날개 달린 달빛 천사
- 130 안녕! 빨간 머리 인어공주
- 132 샤랄라 리본 공주
- 133 씩씩하고 멋진 왕자
- 134 펄럭펄럭 깃발 꽂은 성
- 136 지구를 지켜라! 용감한 영웅
- 137 삐리삐리 무적의 로봇
- 138 비상! 우주 괴물 등장
- 140 선물 가득! 산타클로스
- 141 썰매를 끄는 루돌프 사슴
- 142 눈사람·선물 상자·양말 주머니
- 144 하늘을 나는 뾰로롱 마녀
- 145 핼러윈데이 손님 호박과 해골
- 146 으스스한 박쥐·유령·거미

 # 아이와 그림 그리기 전에 알아두세요

아이가 좋아하는 것부터 그려요

아이의 관심사부터 그려야 그림에 흥미가 생기고, 그림과 친숙해지기 좋답니다. 그림책 일러스트 작가이자 미술 선생님, 6세 아이의 엄마로서 아이들이 가장 좋아하는 소재를 다양하게 담았어요. 아이들이 유치원에서 배우는 누리 과정의 주제와 동요, 전래동화의 한 장면도 넣었습니다. 남자아이와 여자아이의 관심사도 골고루 들어 있으니 "뭘 그릴지 골라볼까?"라고 물어보며 아이가 원하는 소재를 책 속에서 찾아 그려보세요.

그림은 쉽게 시작해요

아이가 그리기에 익숙하지 않다면 단순한 그림부터 시작해야 재미와 성취감을 느끼게 됩니다. 4~7세 아이들을 가르친 경험을 바탕으로 아이의 눈높이에 맞는 그림을 쉽게 그릴 수 있도록 구성했어요. 한글을 모르는 아이도 책을 보고 따라 그릴 수 있답니다. 복잡해 보이는 공룡도 모두 단순한 모양에서 시작해요. 네모난 얼굴, 반달 몸통, 세모 꼬리, 네모 다리처럼요. 멋진 그림을 하나씩 완성하다 보면 어느새 그리기에 자신감이 붙게 됩니다.

그림에 정답은 없어요

이 책은 그림을 어떤 순서로 그리면 좋을지 알려주지만 이것은 하나의 방법일 뿐 정답이 아니라는 점을 꼭 염두에 두셨으면 합니다. 아이들이 사람을 그릴 때 보통 머리부터 그리지만 발부터 그리는 아이도 있답니다. 아이가 그린 그림에 빠진 게 있다면 "엄마는 귀가 두 개 있어.", "코는 어디에 있을까?"라고 아이에게 알려주면 좋아요. 그림은 그리는 과정 자체만으로 즐거운 놀이라고 생각해주세요.

남자아이와 여자아이가 그린 그림은 달라요

남자아이와 여자아이는 사물을 바라보는 뇌 구조에 차이가 있습니다. 그림을 그릴 때 남자아이는 무엇을 하고 있는지가 먼저 눈에 들어와요. 동작에 신경을 써서 힘이 넘치고 활동적인 표현을 잘합니다. 여자아이는 표정과 분위기에 중점을 두는 경우가 많아 그림이 자세하고 아기자기합니다. 무엇을 입었는지, 어떤 표정을 지었는지를 중점적으로 그려요. 성별에 따른 시각 차이를 인지하면 아이의 그림을 이해하는 데 도움이 됩니다.

아이의 그림에 관심을 가져요

아이의 그림에 어떤 이야기가 숨어 있는지 질문하고 아이의 말에 귀 기울여주세요. 그림에는 아이의 번뜩이는 아이디어가 가득 담겨 있답니다. 엄마, 아빠가 물어보면 아이는 알고 있는 지식을 총동원해 재미난 이야기를 들려줄 거예요. 대화가 끝난 뒤에는 그림을 벽에 붙이거나 액자에 넣어 전시하고 사진도 찍어주세요. 자신이 직접 그린 그림이 아이에게 하나의 추억이 되고 그림에 대한 호감과 자신감도 심어줍니다.

그림은 구체적으로 칭찬해주세요

무작정 잘 그렸다고 하기보다는 "자동차에 스프링이 달렸네! 이런 기발한 생각을 어떻게 했을까?", "자동차가 하늘 높이 점프하는 것 같아. 건물 꼭대기까지 닿겠다." 등과 같이 아이의 상상력과 그리는 과정, 표현한 방법에 대해 구체적으로 칭찬해주세요. 그러면 아이가 신나서 자동차 옆에 건물을 더 그리거나 직접 점프하며 자동차를 흉내 낼 수도 있어요. 부모의 칭찬이 더해질수록 다양한 소재가 떠올라 아이의 그림도 풍성해진답니다.

아이와 그림 그릴 때 이것이 궁금해요

Q1 아이가 그림 그리기에 전혀 흥미가 없어요

앉아 있는 것보다 뛰어노는 것이 더 좋아서 일 수도 있고, 필기구를 쥐는 게 익숙하지 않아서 일 수도 있어요. 아이가 좋아하는 것을 파악하고 해당 관심사를 주제로 그리는 것부터 시작하세요. 이때 아이에게 '같이 그리면서 놀자'로 접근해야 자연스럽게 연필이나 크레파스를 쥐게 됩니다. 그림책을 읽을 수 있는 나이라면 독후 미술 활동이나 가족들이 순서대로 그림을 이어 그리며 이야기를 만드는 릴레이 형식의 놀이도 추천합니다.

Q2 아이가 그림 그리기에 자신감도 없고 실수할까 봐 힘들어해요

그림 그리기를 어려워하는 아이에게는 종이에 점을 여러 개 찍어 이어 그리도록 하거나 머리, 몸, 팔, 다리처럼 그리는 순서를 알려주는 것만으로도 큰 도움이 됩니다. 선 하나만 잘못 그려도 눈물을 쏟는 아이도 있습니다. 이럴 때는 "이 정도면 꽤 잘한 거야."라고 아이의 마음을 다독여준 뒤 그림을 이어 그릴 수 있도록 도와주세요. 튀어나온 선을 연장해 길을 그리거나 종이를 덧붙여 그려도 좋아요. 그림에 대한 긍정적인 기억을 심어주세요.

Q3 아이가 저한테 그려달라고만 하고 스스로 그리지는 않아요

그림에 자신감이 부족하거나 엄마, 아빠가 자기보다 잘 그리니까 계속 그려달라고 하는 경우가 많아요. 아이가 강아지를 그려달라고 하면 "그래. 같이 그려보자."라며 그림의 첫 시작을 그려주되 너무 잘 그리지 않는 게 중요해요. "점박이 강아지로 할까?", "귀가 잘 안 그려지네. 도와줄래?" 등 아이가 참여하도록 유도하고 칭찬과 격려를 해주세요. 작은 부분이라도 아이가 그리는 기회가 쌓이다 보면 자신감이 생겨 어느새 스스로 그리게 될 거예요.

Q4 아이가 동그라미도 제대로 못 그리는데, 어쩌죠?

선이 삐뚤빼뚤해도, 동그라미가 찌그러져도 괜찮습니다. 아이들의 소근육 발달은 숟가락질이나 연필 잡기 등으로 계속 성장하는 중이니 기다려주세요. 그림도 계속 그릴수록 발전합니다. 아이가 소근육이 약해 또래 친구들보다 그림 그리기를 어려워한다면 아이 손에 무엇이든 많이 쥐고 만지도록 해주세요. 촉각 놀이를 통해 손바닥을 꾸준히 자극하면 소근육 발달에 매우 좋습니다.

Q5 아이가 매일 같은 그림만 그려요

아이가 좋아하는 소재만 그린다면 그 안에 작은 변화를 곁들여주세요. 공주만 그린다면 액세서리를 바꾸거나 다른 드레스를 입혀도 좋아요. 자동차도 마찬가지랍니다. 기다란 리무진 자동차, 하늘 나는 날개 달린 자동차, 스프링 달고 점프하는 자동차도 좋아요. "자동차에 누가 타고 있지?", "자동차는 어디를 가고 있을까?"처럼 꼬리에 꼬리를 무는 질문을 이어간다면 이야기가 담긴 다양한 그림을 그릴 수 있을 거예요.

Q6 따라 그리는 것은 아이의 창의력 발달에 안 좋나요?

따라 그리기는 창의력 발달의 기초가 됩니다. 책의 그림을 따라 그리면서 관찰하고 표현하는 과정을 반복하다 보면 대상에 대한 기억력과도 연결되지요. 이 과정에서 아이는 형태 그리는 법을 익히게 되고, 이를 바탕으로 응용해서 새로운 그림도 그린답니다. 창의력 발달에 가장 중요한 것은 부모와 함께 하는 모든 경험입니다. 많은 것을 경험하게 해주고 아이의 이야기를 잘 들어주세요. 그 경험이 쌓이면서 아이의 창의력이 쑥쑥 자라납니다.

 # 무엇으로 그릴까요?

이 책에서는 아이들이 자주 사용하는 색연필, 크레파스 등의 재료로 그림을 완성했습니다.
같은 그림이어도 다른 재료를 사용하면 색다른 분위기가 나니 다양한 재료로 그림을 그려보세요.

색연필은 포근하고 따뜻한 분위기를 만들어주는 재료입니다. 손힘의 강약에 따라 연하게 또는 진하게 표현할 수 있습니다. 점, 선, 면으로 자유롭게 그리고 색칠할 수 있으며 자세하고 꼼꼼하게 표현하기 좋아요. 하지만 아이들이 넓은 면적을 색칠하기에는 힘들어요.

굵고 거칠어 넓은 면을 색칠할 때 좋지만 작고 세밀한 부분은 그리기 어려워요. 손가락이나 면봉으로 문지르며 서로 다른 두 색을 섞어서 표현할 수도 있어요. 소근육이 약한 아이들은 크레파스보다 부드러운 파스넷이나 크레용을 추천합니다.

아이들이 파스넷만큼 좋아하는 재료입니다. 색이 선명하고 힘을 많이 주지 않아도 쉽게 그려지며 세밀한 부분까지 선으로 그리기 좋아요. 단, 옷에 묻는 경우 지우기 힘들고 뚜껑을 잘 닫아 보관해야 합니다. 어린아이라면 '마르지 않는 사인펜'을 추천합니다.

소근육이 약한 아이도 힘들이지 않고 넓은 면적을 색칠할 수 있는 재료입니다. 수채화 물감과 아크릴 물감 두 종류가 있는데, 수채화 물감은 물로 농도를 조절해 색을 다양하게 표현할 수 있습니다. 아크릴 물감은 불투명해 덧칠하기 쉽고, 천에도 그릴 수 있어요.

그림으로 재밌게 놀아요

스케치북이 아닌 색다른 소재에 그림을 그려보세요. 완성한 그림을 가위로 오려 퍼즐을 맞추거나 풍선에 그림을 그려 우주 놀이를 하는 등 다양한 놀이 활동으로 연결해보세요.

아이 몸 꾸미기

아이를 전지 위에 눕혀 몸의 실루엣을 따라 그린 후 그 안에 표정이나 옷을 꾸며보세요. 거대한 그림을 그릴 수 있어 색다른 재미를 줍니다.

상자로 로봇 만들기

큰 택배 상자를 이용해 로봇 놀이를 해보세요. 상자 겉면을 그림으로 채우고 아이의 얼굴과 팔이 들어갈 부분에 구멍을 뚫어 입혀주세요.

풍선으로 우주 놀이하기

풍선을 불고 그 위를 사인펜으로 꾸며 지구나 행성을 만들 수 있어요. 지구나 우주에 대한 그림책을 읽고 독후 활동으로 하기 좋아요.

세상에 하나뿐인 아이템 만들기

유성 사인펜, 아크릴 물감, 패브릭 파스텔을 사용해 천에 그림을 그릴 수 있어요. 면 티셔츠, 에코백 등에 그림을 그리면 완성됩니다.

창작 인형극 놀이하기

아이가 좋아하는 소재를 그린 뒤 가위로 오리고 나무 막대에 붙여 등장인물을 만듭니다. 인형으로 자유롭게 역할극을 해보세요.

그림 퍼즐 맞추기

아이가 직접 그린 그림을 가위로 조각조각 자르면 세상에 하나밖에 없는 퍼즐이 완성됩니다. 조각낸 크기가 작을수록 어려워져요.

○△□로 다양한 그림을 그려보세요

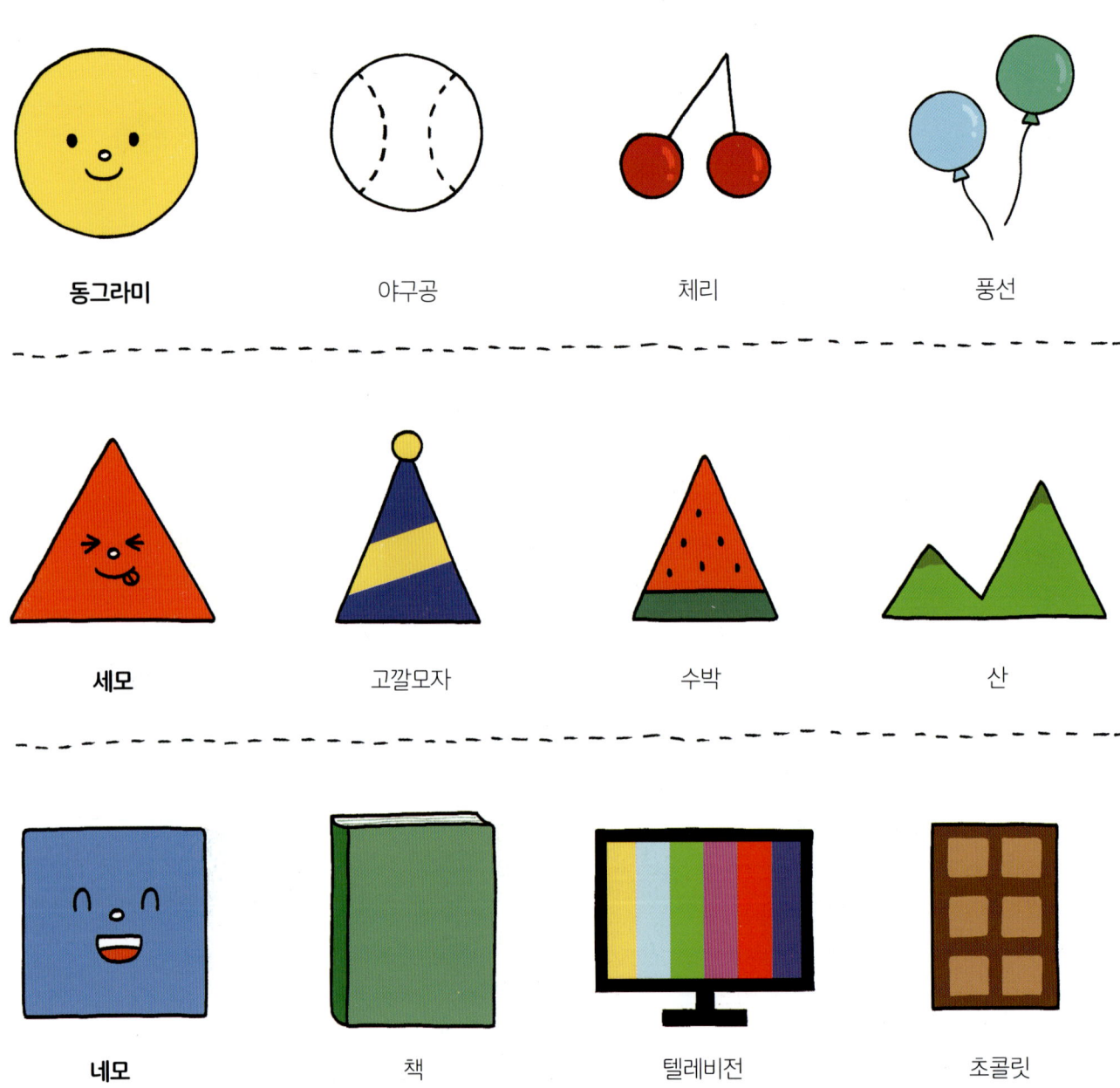

| 동그라미 | 야구공 | 체리 | 풍선 |

| 세모 | 고깔모자 | 수박 | 산 |

| 네모 | 책 | 텔레비전 | 초콜릿 |

아이가 동그라미, 세모, 네모를 그릴 수 있다면 아래의 그림도 멋지게 완성할 수 있답니다.
엄마, 아빠가 아이를 도와주며 단순한 모양을 이용해 다양한 그림을 그려보세요.

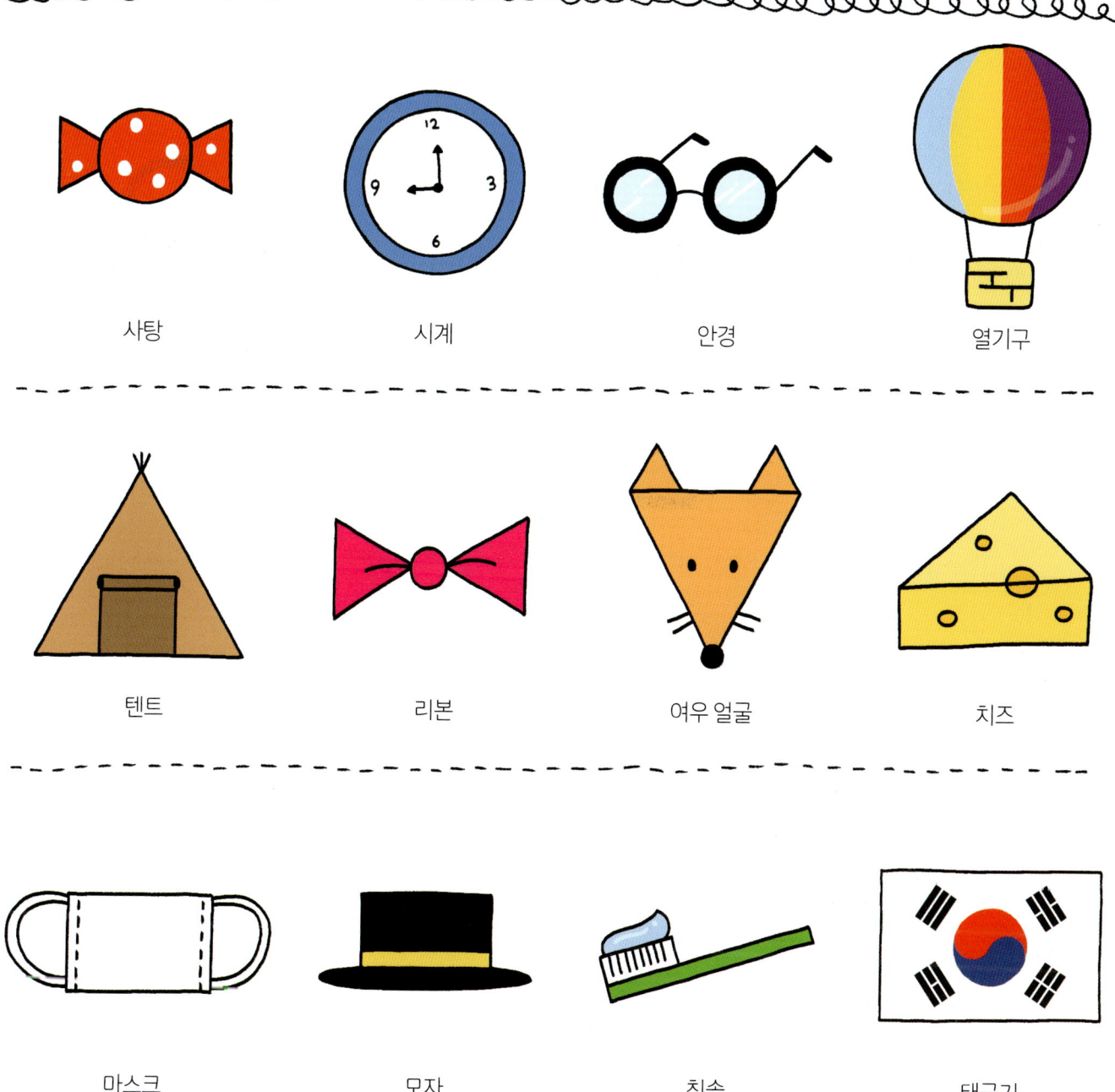

숫자를 그림으로 만들어요

1 → 연필

2 → 백조

3 → 소프트아이스크림

4 → 돛단배

5 → 원숭이 얼굴

아이가 숫자를 읽을 수 있다면 상상력을 발휘해 숫자를 그림으로 만드는 놀이를 해보세요.
단순한 숫자에 선을 더하고 색칠까지 하면 예쁜 그림이 완성됩니다.

6 → 가위

7 → 폭죽

8 → 완두콩

9 → 네잎클로버

10 → 접시

사람

기분을 나타내는 다양한 표정

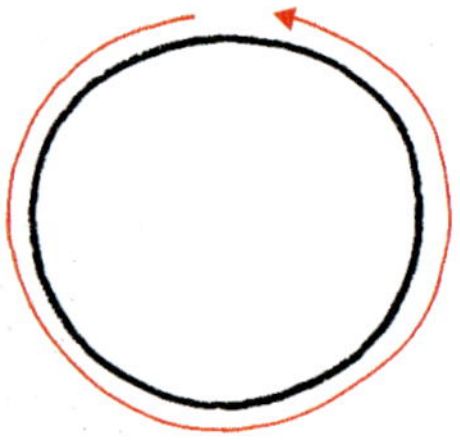

동그라미 얼굴

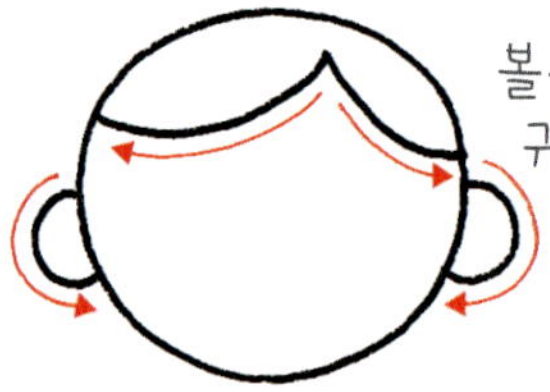

둥글게 앞머리를 그려요
볼록 귀

•• + ○
눈 코

웃는 입

＞＜ + ○○ + ○
눈 눈물 코

동그란 입

씨익~

으아앙

하하하

메롱~

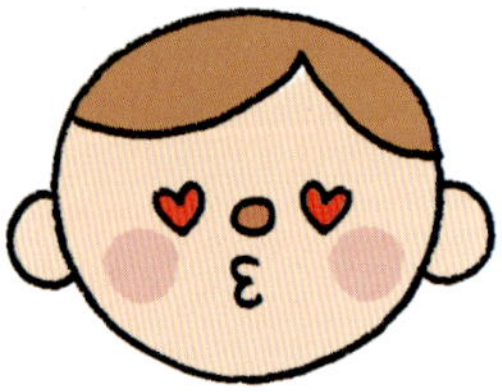

뽀뽀 쪽!

깜짝!

윙크~

화났어!

친구마다 다른 머리 모양

사람

얼굴 ○ + ⊂⊃ 귀
•• + △ + ∨
눈 코   입

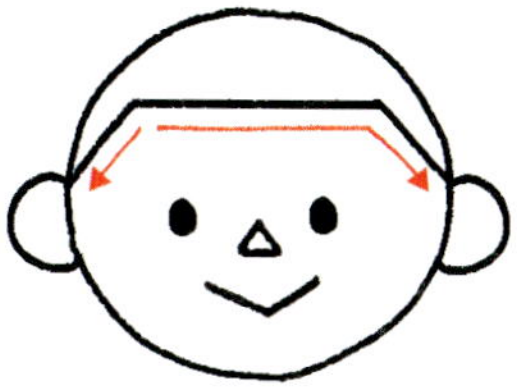

앞머리 옆으로 쭉!

머릿결 짧게

밤톨 머리 친구

얼굴 ○ + ⊂⊃ 귀
•• + ○ + ⌣
눈 코 입

가운데에서 귀까지 둥글~

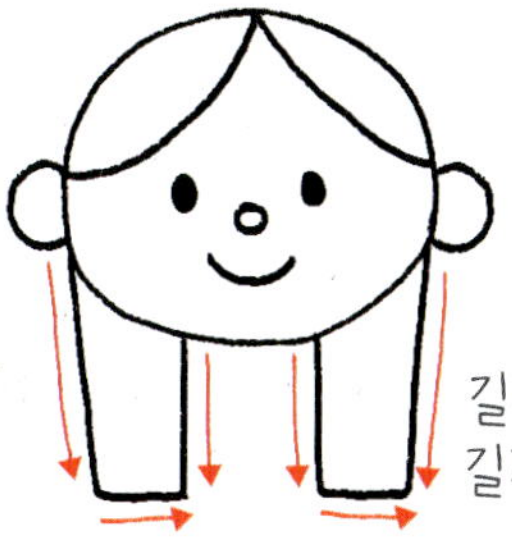

길게~ 길게~

긴 머리 친구

바가지 머리

단발머리

삐삐 머리

올림머리

곱슬머리

사람

나랑 제일 친한 여자 친구

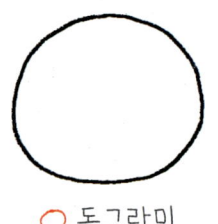
○ 동그라미 그리기

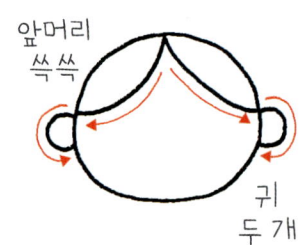
앞머리 쓱쓱
귀 두 개

눈 코 입

갈래머리 아래로 둥글게

원피스 길게

팔 아래 동그란 손

다리 쭉쭉
발 볼록

사람

같이 놀고 싶은 남자 친구

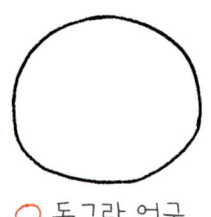
○ 동그란 얼굴

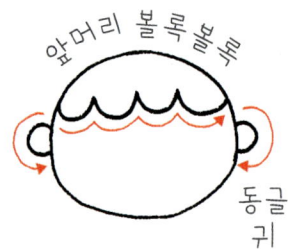
앞머리 볼록볼록
동글 귀

●●＋△＋▽
눈 코 입

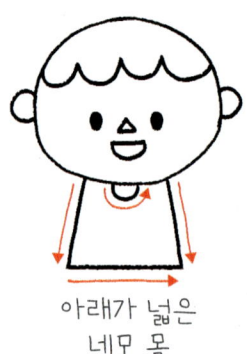
아래가 넓은 네모 몸

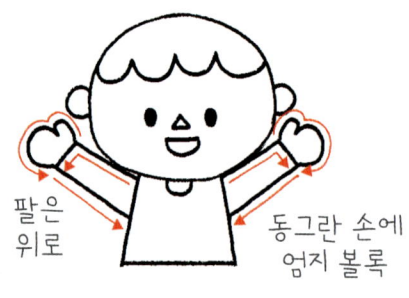
팔은 위로
동그란 손에 엄지 볼록

다리랑 신발 그리기

26

사람

세상에서 제일 좋은 우리 엄마

동글동글 겹쳐 그리기

동그랗게~

○ + ⊂⊃
얼굴 귀

●● + ○ + ‿
눈 코 입

뾰족 칼라와 허리선

치마까지 한번에 쭈욱~

팔이랑 손 그리기

다리에 둥글납작한 신발

28

사람

세상에서 제일 다정한 우리 아빠

○ + ⌒⌒
얼굴 귀

머리 모양을
그려요

● ● + ○ + ‿
눈 코 입

칼라가
뾰족

아래로 점점
넓어지게

양쪽으로
팔이랑 손

길쭉한
다리

신발은
둥글
튀어나오게

30

사람

응애응애 귀여운 아기

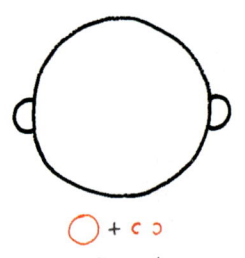
○ + ⊂⊃
얼굴 귀

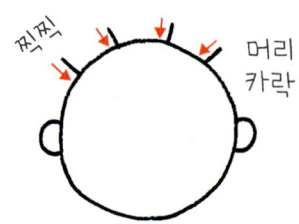
찍찍   머리카락

● ● + ○ + ‿
눈 코 입

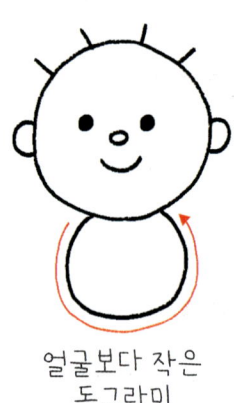
얼굴보다 작은
동그라미

짧은 팔

짧은 다리에
발 볼록!

턱받이
둥그렇게
두 줄

항상 반겨주는 할머니

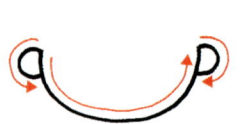
아래만 둥그런
얼굴 그리기

뽀글뽀글
파마머리

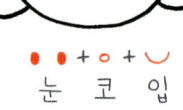
눈 코 입

얼굴 주름
짧게 찍찍!

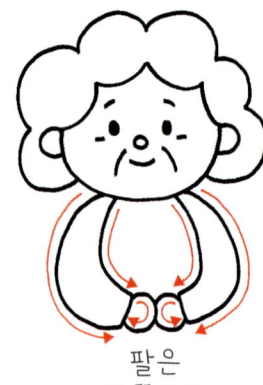
팔은
안쪽으로

단추
두 개

허리 선 그리기

동그라미
넓게 쭈욱~

발 빼꼼!

사람

허허허 웃는 할아버지

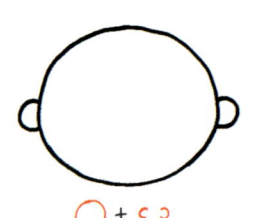
얼굴 귀

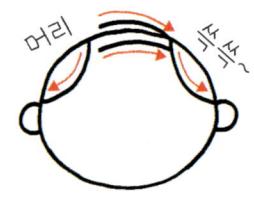
머리 쓱쓱~

눈 코 입

눈가·입가 주름 더하기

몸을 그려요

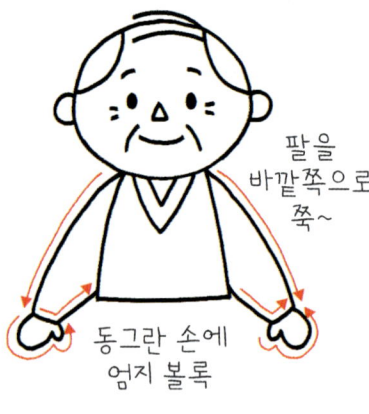
동그란 손에 엄지 볼록
팔을 바깥쪽으로 쭉~

다리랑 신발 그리기

동물

멍멍 장난꾸러기 강아지

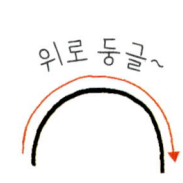
위로 둥글~

옆으로 튀어나오게 불룩

귀 두 개

눈 코 입

둥글납작

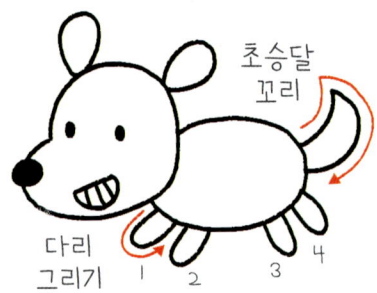
초승달 꼬리
다리 그리기 1 2 3 4

구름처럼 볼록볼록

아래로 연결하기

귀도 볼록하게

눈 코·입

앉은 몸통 그리기

앞발 꼬리

40

동물

 # 야옹야옹 애교쟁이 고양이

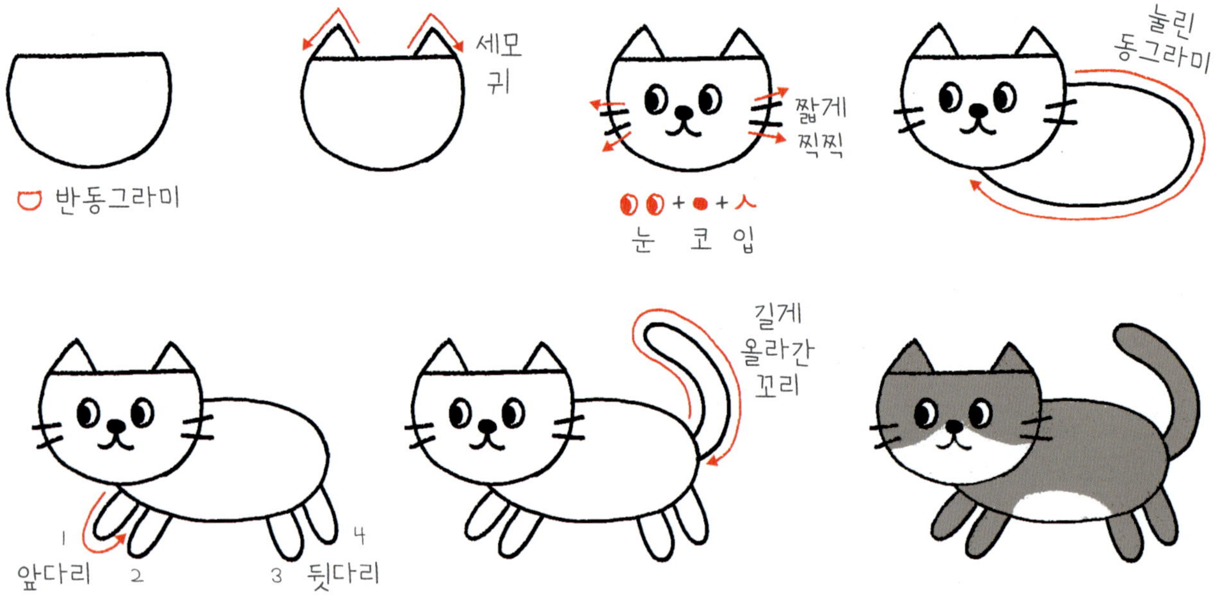

반동그라미 · 세모 귀 · 눈 코 입 (짧게 찍찍) · 눌린 동그라미

앞다리 1, 2 · 3, 4 뒷다리 · 길게 올라간 꼬리

동그란 얼굴 · 산 안에 작은 산 · 눈 코 입 (수염) · 몸통 그리기

앞다리 아래로 쭉쭉 · 뒷다리 · 꼬리는 구불구불

동물

누가 더 빠를까? 토끼와 거북

○ 동그라미

길쭉한 귀

◉◉ + ○ + ᴗ
눈 코 입

몸통은 동그렇게~

짧은 다리

동그라미 꼬리

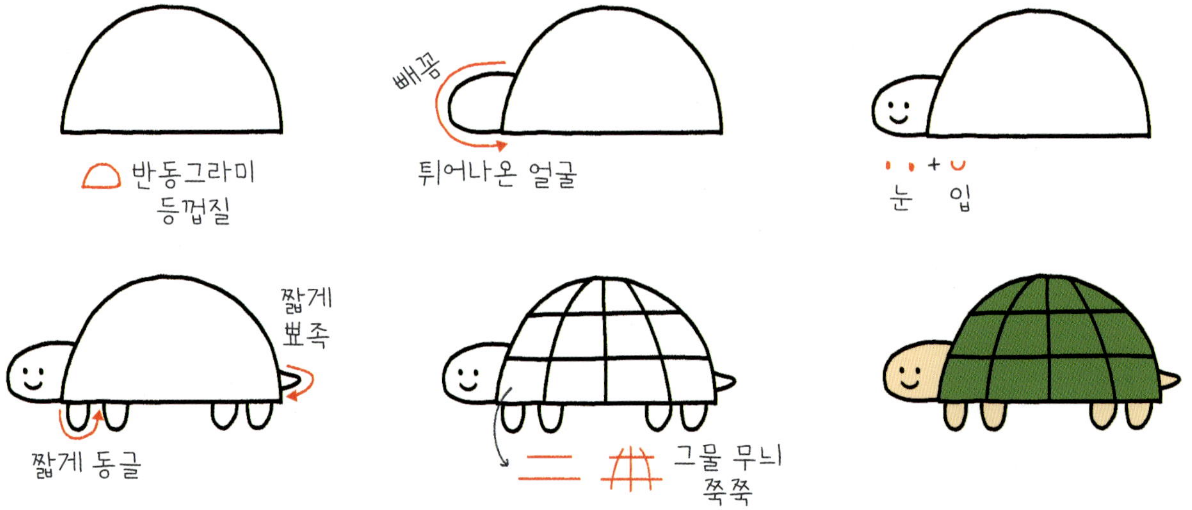

⌒ 반동그라미 등껍질

빼꼼 튀어나온 얼굴

'' + ‿
눈 입

짧게 뾰족

짧게 동글

⚏ ⌗ 그물 무늬 쭉쭉

동물

꼬꼬 닭과 꽥꽥 오리

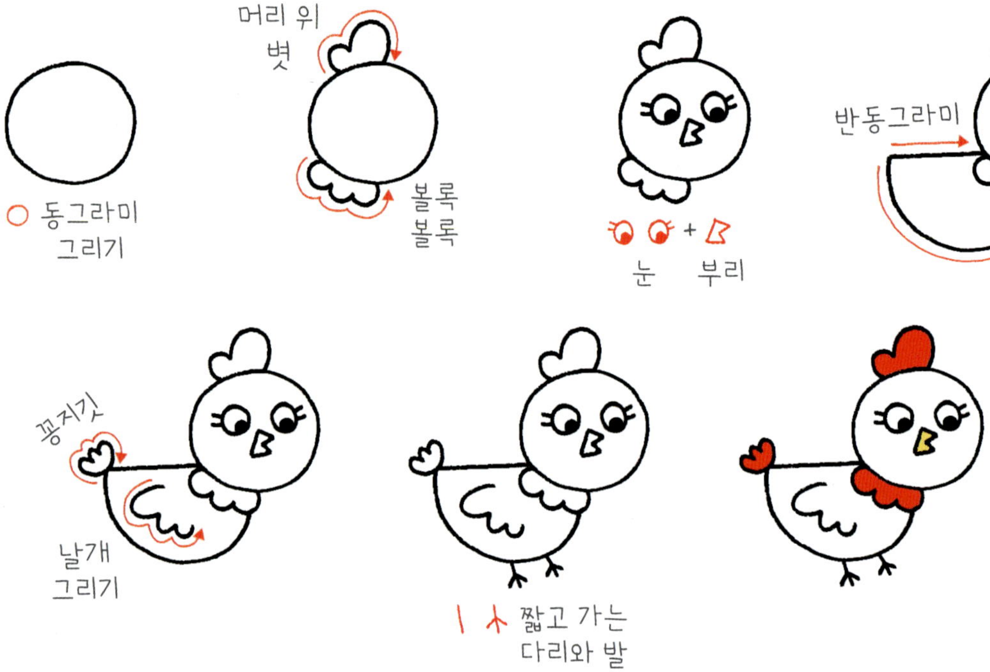

○ 동그라미 그리기

머리 위 볏
볼록 볼록

눈 부리

반동그라미

꽁지깃
날개 그리기

짧고 가는 다리와 발

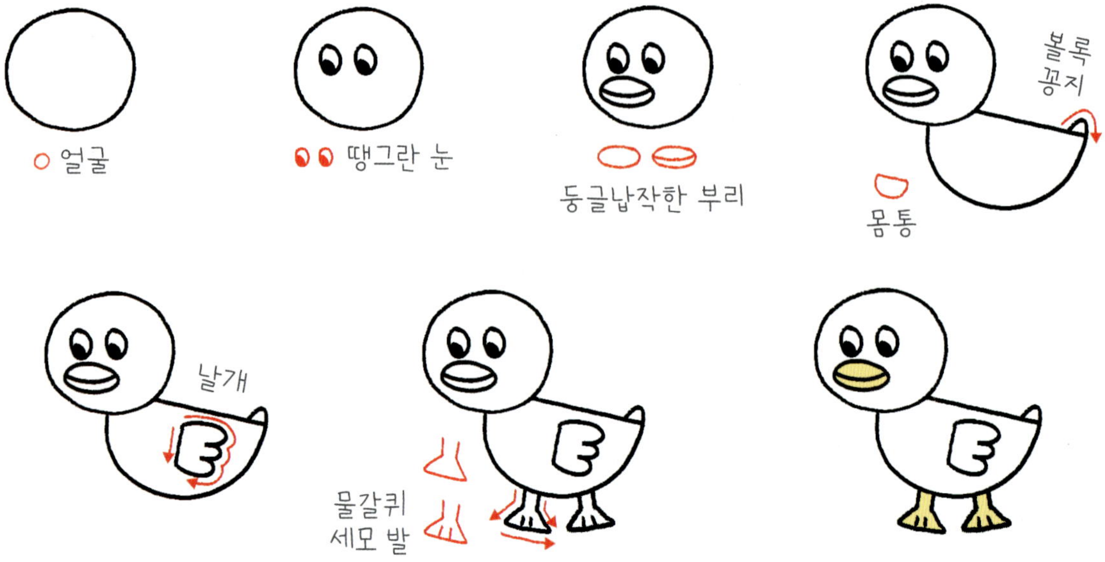

○ 얼굴

●● 땡그란 눈

둥글납작한 부리

볼록 꽁지
몸통

날개

물갈퀴 세모 발

46

동물

개굴개굴 노래하는 개구리

위로 볼록
약간 떨어트려 그리기

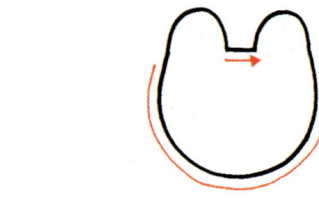
아래로 크게 동글

눈 콧구멍 입

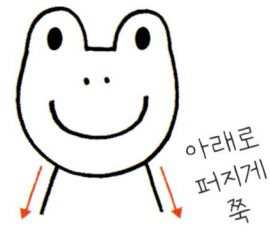
아래로 퍼지게 쭉

반쪽 하트 양쪽으로 그리기

뾰족뾰족 발

팔에 뾰족 손

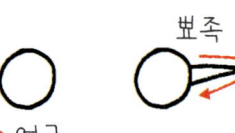
얼굴

뾰족

둥글~

표정이랑 꼬리 선 그리기

48

꿀꿀 아기 돼지 삼 형제

동물

히히힝 초원을 달리는 말

○ 둥글납작한 얼굴

귀 그리기
목은 길게 쭈욱~

•• + ·· + ─
눈 콧구멍 입

목에 연결된 몸통 그리기

길쭉한 다리
1 2 3 4

나뭇잎 모양 앞머리
목 옆으로 갈기
꼬리는 풍성하게

52

털복숭이 양과 부엉부엉 부엉이

작은 구름 그리기

아래로 둥글~ 뾰족 귀

눈 코·입

큰 구름 모양 짧은 꼬리

다리 1 2 3 4

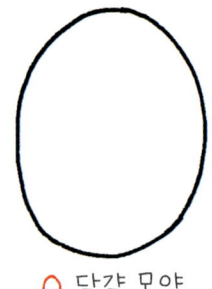
○ 달걀 모양

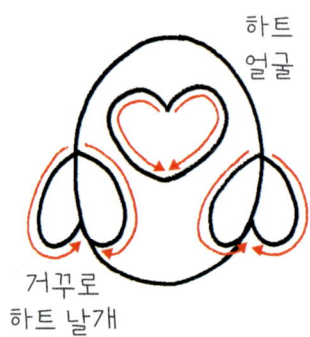
하트 얼굴 거꾸로 하트 날개

뾰족 귀 눈 ∪∪ + ▽ 부리

볼록볼록 발

지그재그 깃털

동물

흔들흔들 춤추는 곰 세 마리

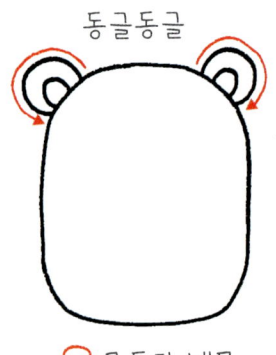
동글동글
○ 뭉툭한 네모

•• + ☺
눈 코·입

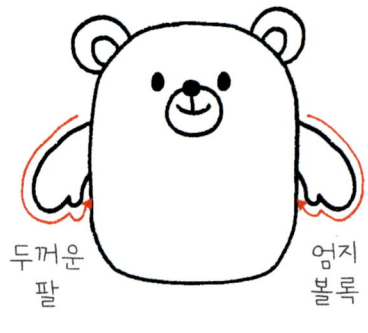
두꺼운 팔 / 엄지 볼록

네모 다리

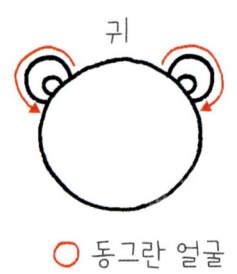
귀
○ 동그란 얼굴

•• + ☺
눈 코·입

동그라미 안에 동글

팔이랑 다리 그리기

56

동물

으르렁! 동물의 왕 사자

○ 동그라미

귀 두 개 그리기
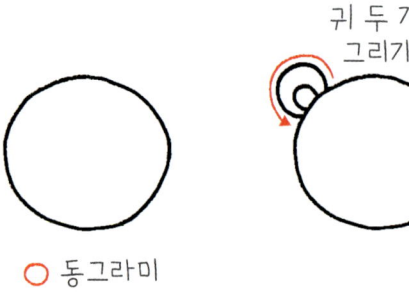

•• + 🥚 + ―
눈 코 입

풍성한 갈기

바깥쪽으로 선을 슉슉~

꼬리 끝은 물방울 모양
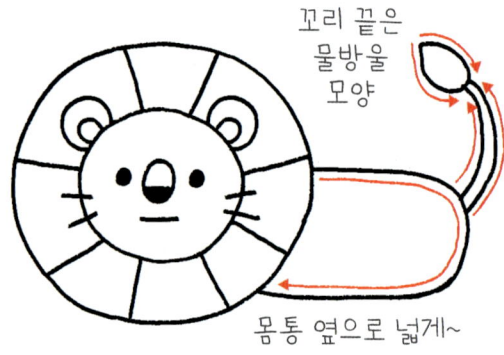
몸통 옆으로 넓게~

네모 다리 1 2 3 4

동물

어흥! 줄무늬가 멋진 호랑이

○ 동그라미 그리기

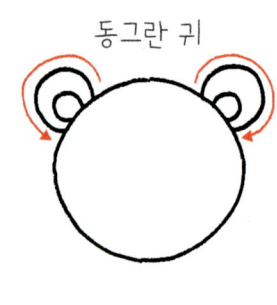
동그란 귀

•• + ○ + ︶
눈 코 입

얼굴 무늬 그리기

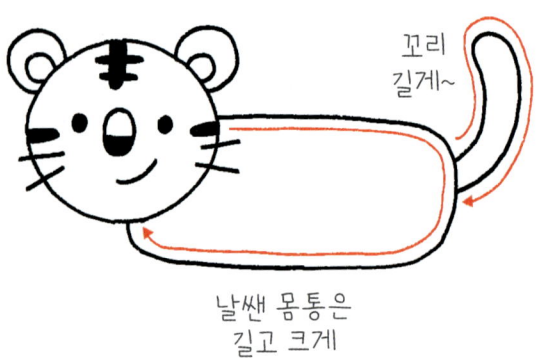
꼬리 길게~
날쌘 몸통은 길고 크게

길쭉 둥글 다리
1 2 3 4

줄무늬 자유롭게 그리기

동물

뿌우뿌우 코로 물을 뿜는 코끼리

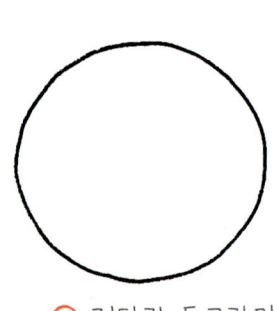
○ 커다란 동그라미

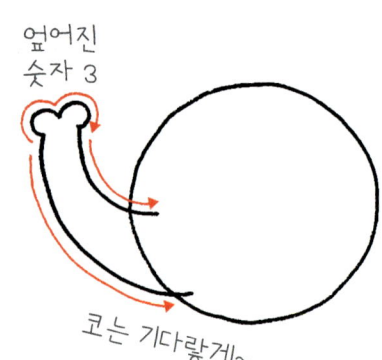
엎어진 숫자 3
코는 기다랗게~

크고 둥근 귀
코 주름
눈 입

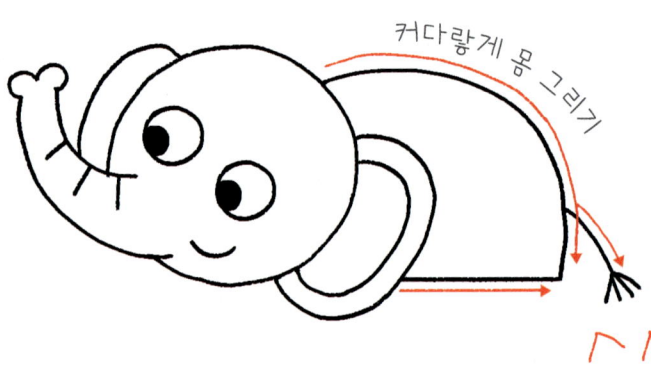
커다랗게 몸 그리기

짧은 꼬리털

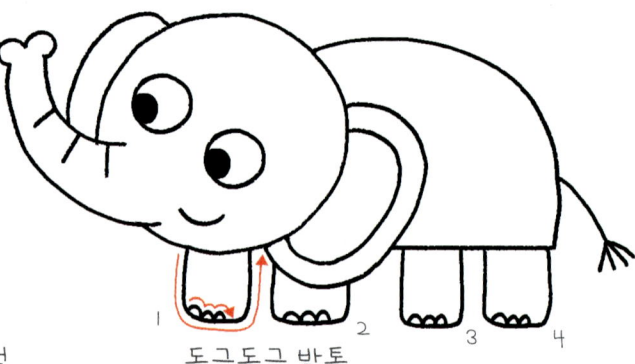
동글동글 발톱

목도 다리도 길쭉길쭉한 기린

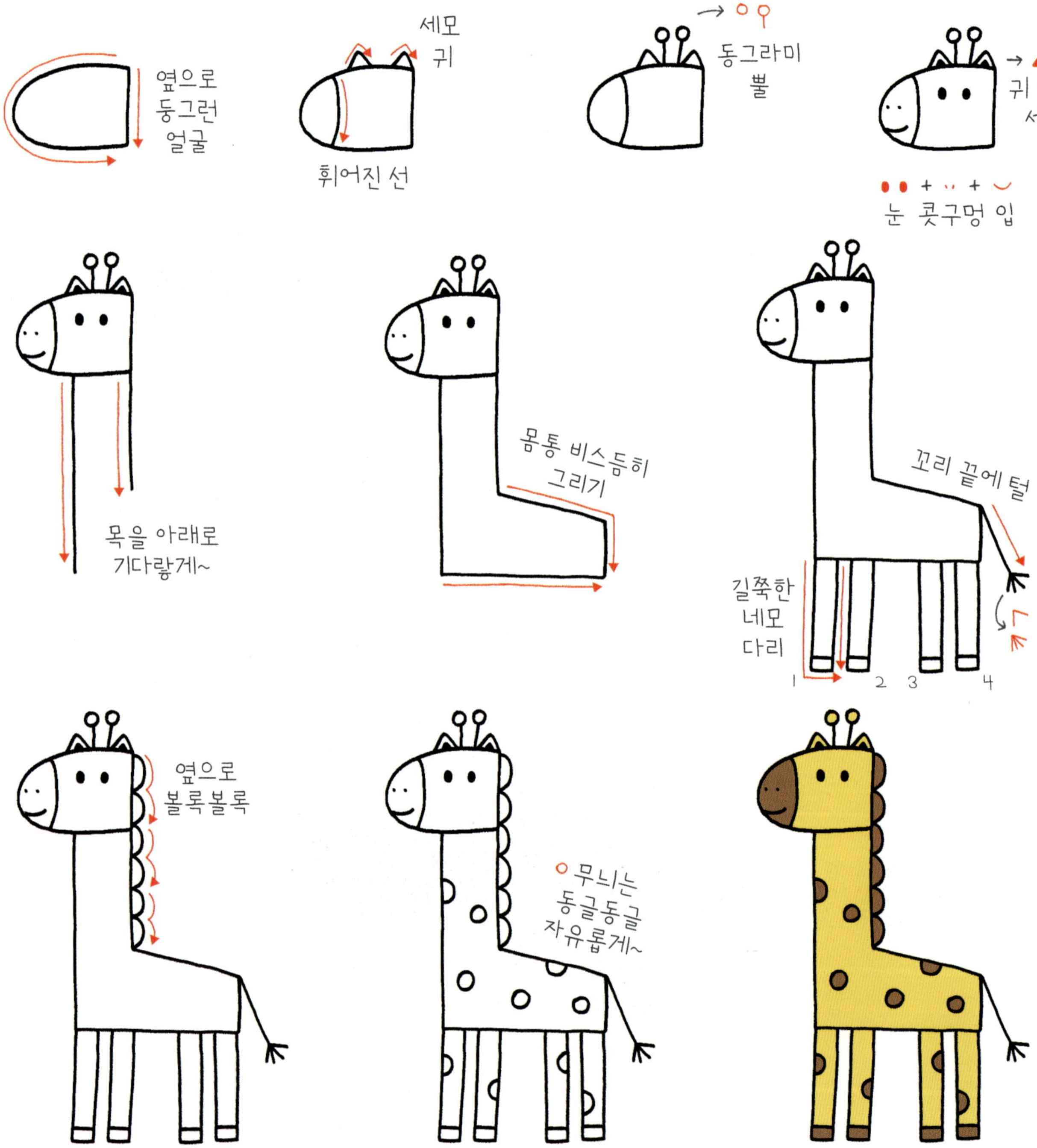

옆으로 둥그런 얼굴

세모 귀
휘어진 선

동그라미 뿔

귀 안에 세모
눈 콧구멍 입

목을 아래로 기다랗게~

몸통 비스듬히 그리기

꼬리 끝에 털
길쭉한 네모 다리
1 2 3 4

옆으로 볼록볼록

무늬는 동글동글 자유롭게~

동물

첨벙첨벙 고래와 돌고래

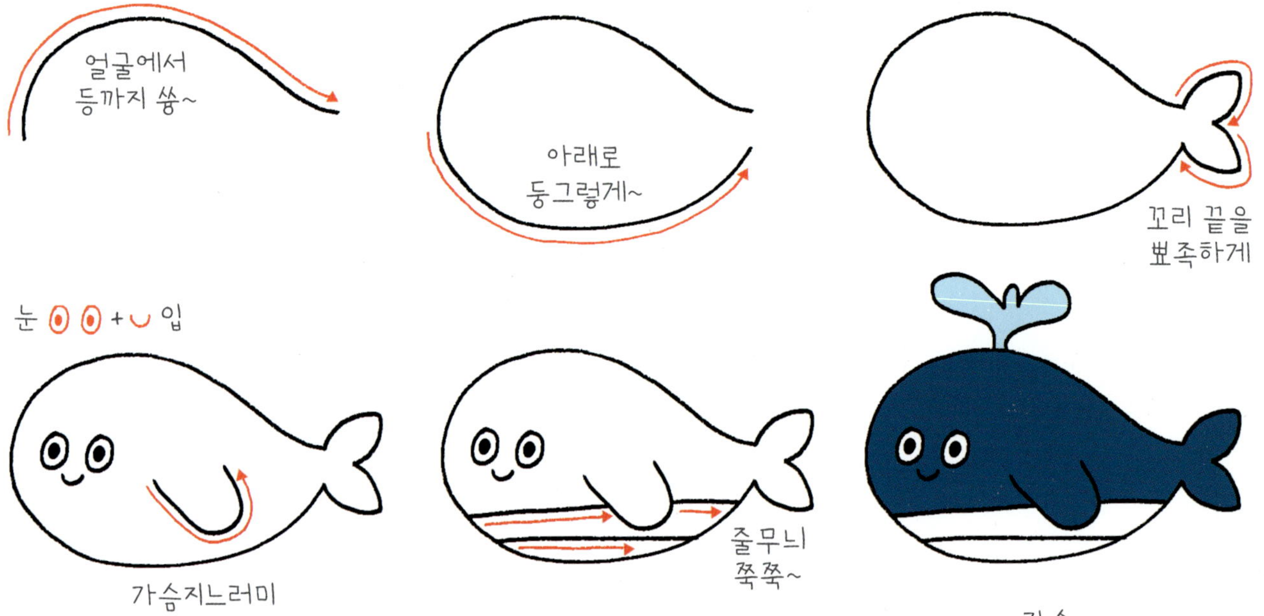

얼굴에서 등까지 쑥~

아래로 둥그렇게~

꼬리 끝을 뾰족하게

눈 ◉◉ + ᴗ 입

가슴지느러미

줄무늬 쭉쭉~

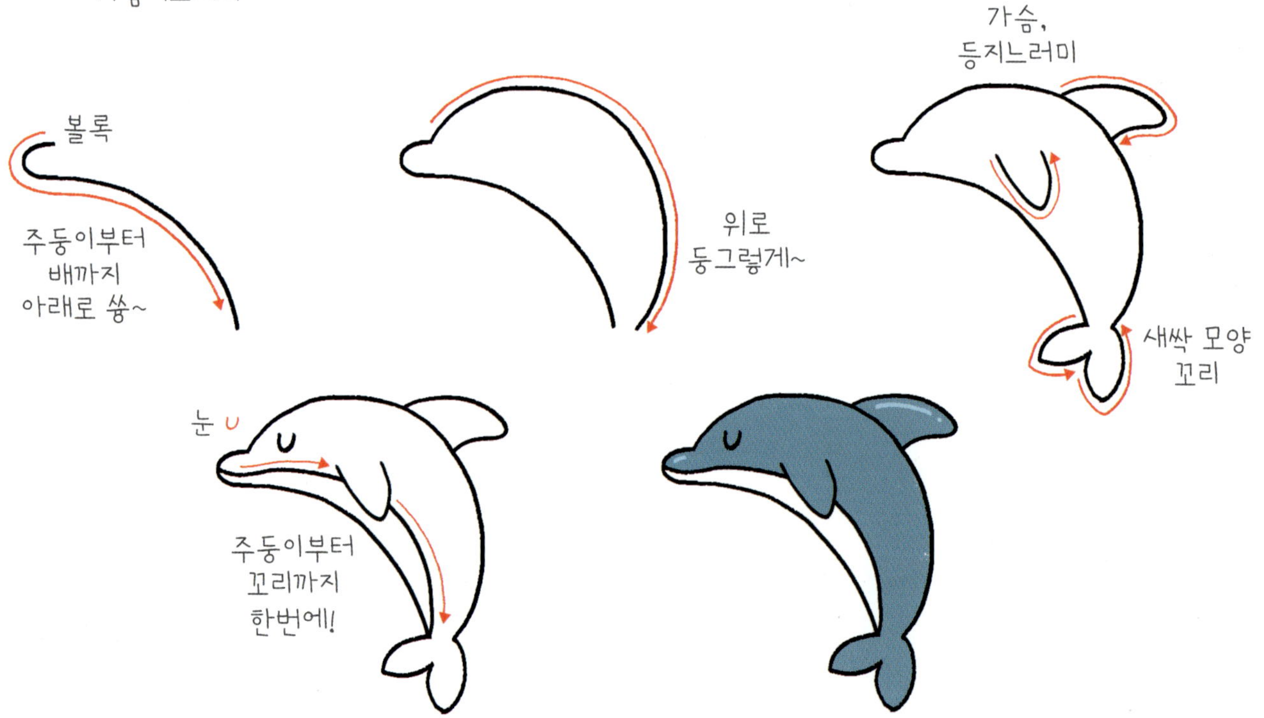

볼록

주둥이부터 배까지 아래로 쑥~

위로 둥그렇게~

가슴, 등지느러미

새싹 모양 꼬리

눈 ᴗ

주둥이부터 꼬리까지 한번에!

66

쫓고 쫓기는 상어와 물고기

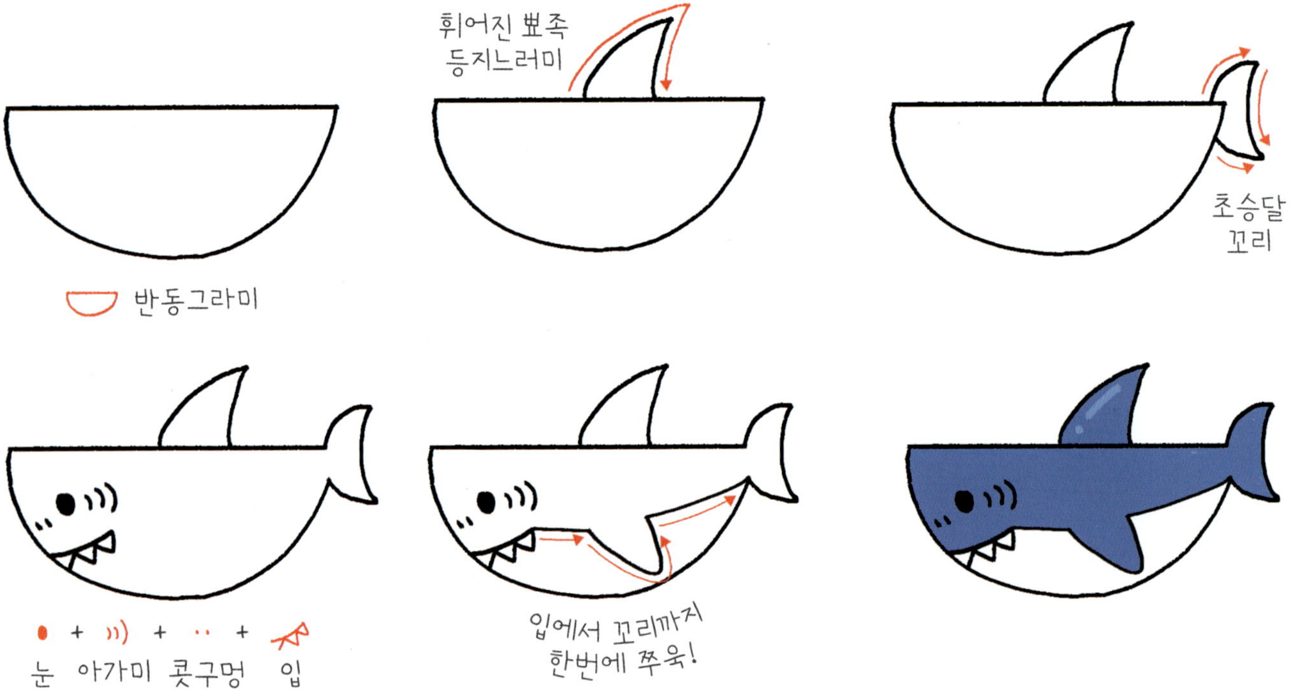

반동그라미

휘어진 뾰족 등지느러미

초승달 꼬리

● +)) + ‥ + ▽
눈 아가미 콧구멍 입

입에서 꼬리까지 한번에 쭈욱!

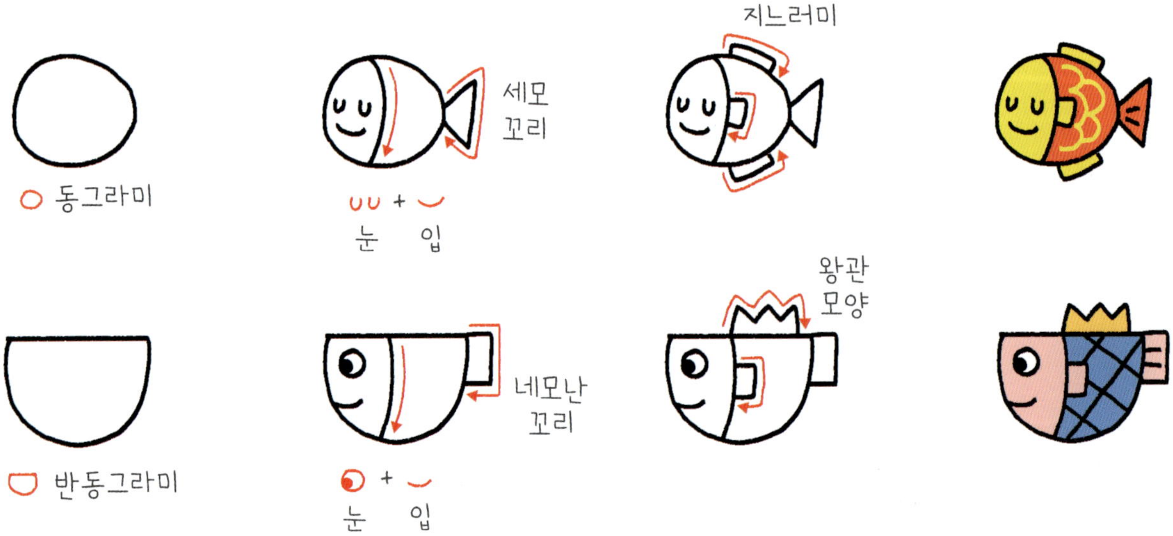

동그라미

세모 꼬리

지느러미

ᵕᵕ + ⌣
눈 입

반동그라미

네모난 꼬리

왕관 모양

동물

다리 개수 대결! 오징어와 문어

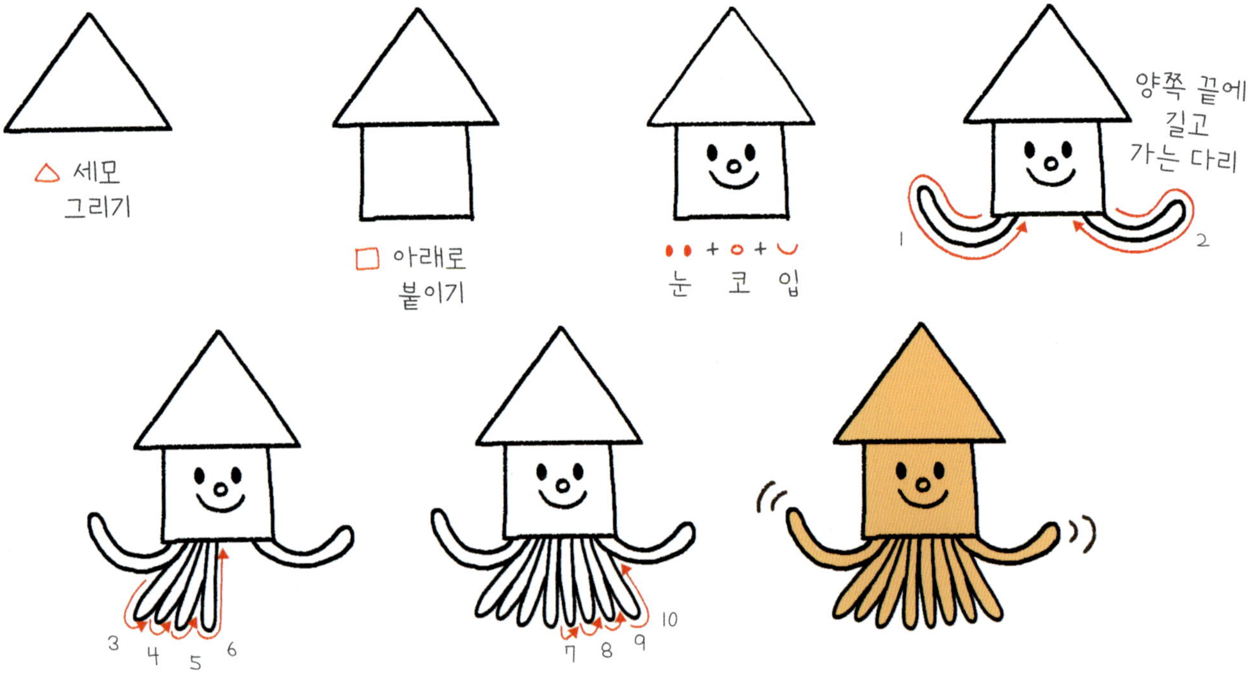

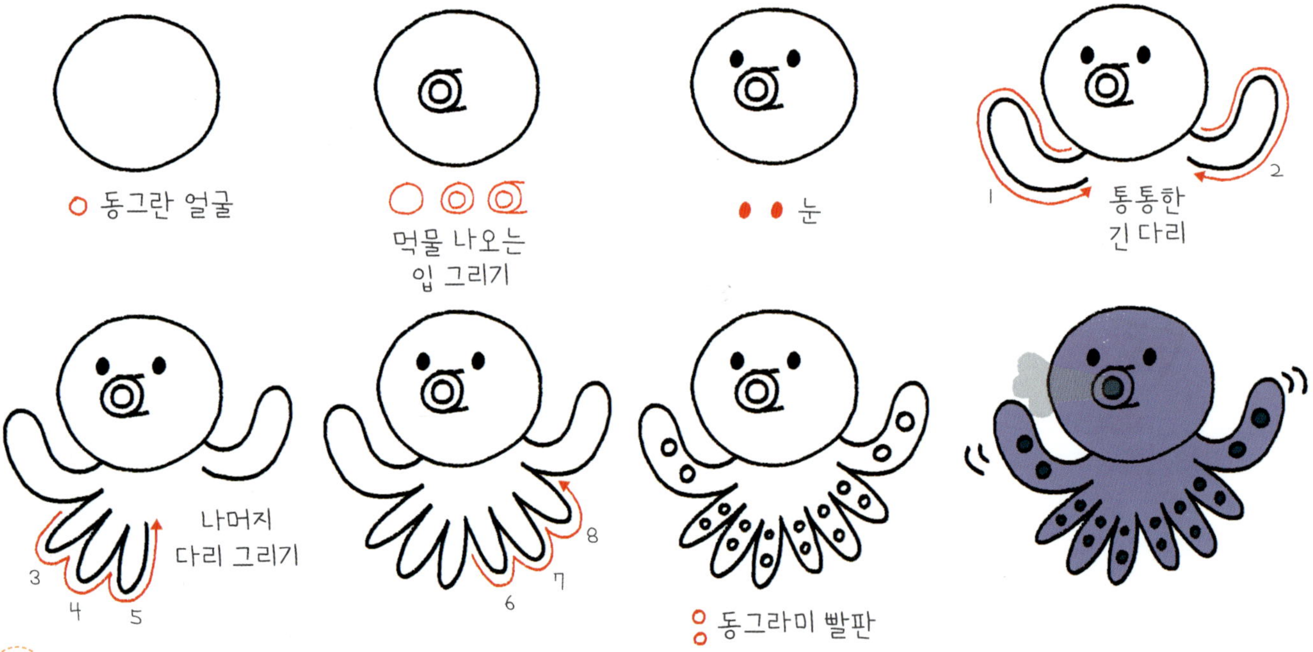

△ 세모 그리기

▢ 아래로 붙이기

•• + o + ⌣
눈 코 입

양쪽 끝에 길고 가는 다리

나머지 다리 그리기

o 동그란 얼굴

ⓞⓞⓞ 먹물 나오는 입 그리기

•• 눈

통통한 긴 다리

o 동그라미 빨판

동물

바닷속 친구 해파리·게·해마

위로 동글~

구불구불

눈 입

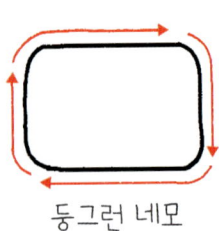
다리 선 쭉쭉

둥그런 네모

눈 눈자루 입

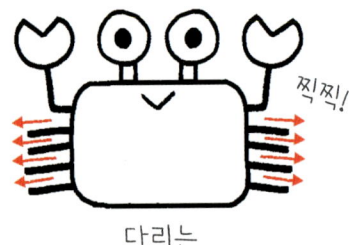
집게발 그리기

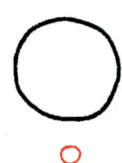
다리는 양쪽에 네 개씩

찍찍!

동그라미

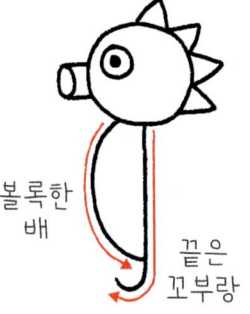
눈 주둥이

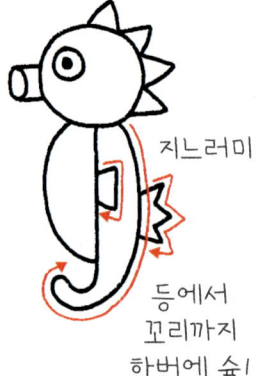
뾰족뾰족

볼록한 배

끝은 꼬부랑

지느러미

등에서 꼬리까지 한번에 슉!

동물

힘센 공룡 티라노사우루스

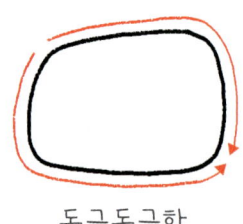
동글동글한
네모 얼굴 그리기

눈 콧구멍 입

지그재그 이빨

아래로
쭈욱~

배는
둥그렇게~

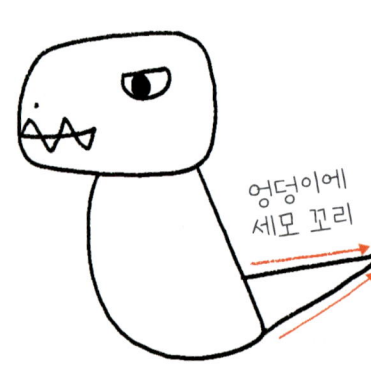
엉덩이에
세모 꼬리

작고
짧은
앞발

굵은
다리
쓱싹

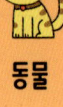
동물

나무보다 큰 브라키오사우루스

○ 둥그런 얼굴

찍찍찍! 이마 뼈

👀 + ‿ 눈 입

아래로 쭈욱~ 앞쪽 선이 더 길게

반동그라미 연결하기

튼튼한 네모 다리

뾰족 꼬리 기다랗게~

76

동물

멋진 뿔을 가진 트리케라톱스

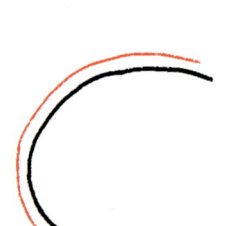
얼굴을 그려요

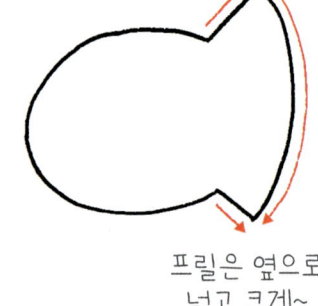
프릴은 옆으로 넓고 크게~

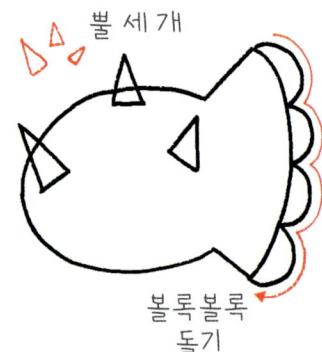
뿔 세 개
볼록볼록 돌기

눈 콧구멍 입

아래로 둥글게

네모 다리 네 개

꼬리 그리기

자연·곤충

해·달·별·구름·무지개·번개

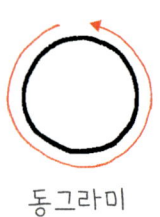
동그라미

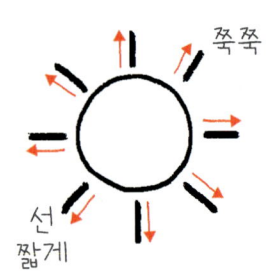
쭉쭉
선 짧게

옆으로 둥글

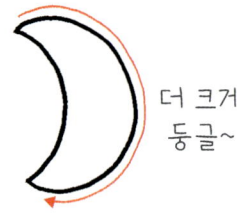
더 크게 둥글~

콕콕 콕!
점 다섯 개

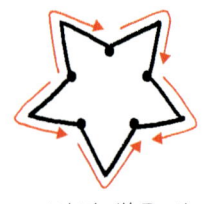
점마다 뾰족 산 이어 그리기

위로 동글동글

아래도 동글동글 잇기

위로 동글~

점점 크게 위로 쌓아 그리기

비스듬하게 아래로 두 번 꺾기

옆으로 안 닿게 꺾어 그리기

자연·곤충

꿀을 먹는 나비와 꿀벌

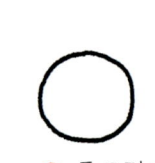
○ 동그라미 머리

꼬부랑 더듬이
•• + ⌣
눈 입

길쭉한 몸통
줄무늬 찍찍

볼록
날개 위쪽 부분을 더 크게 그려요

○ 날개 무늬는 자유롭게!

○ 동그라미 그리기

더듬이 작게~
•• + ⌣
눈 입

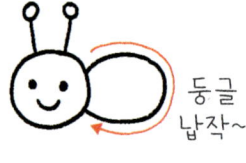
둥글 납작~

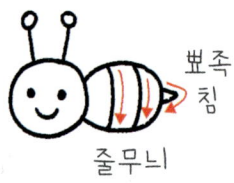
뾰족 침
줄무늬

볼록볼록 날개

자연·곤충

멋쟁이 무늬 무당벌레와 잠자리

○ 큰 동그라미

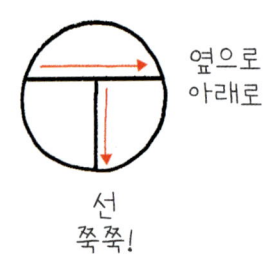
옆으로 아래로
선 쭉쭉!

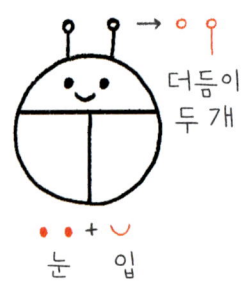
더듬이 두 개
눈 입

동그라미 무늬

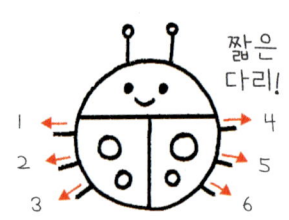
짧은 다리!

○ 동그란 머리

눈 입

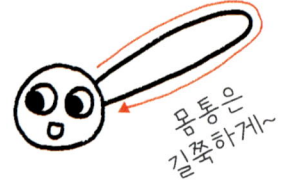
몸통은 길쭉하게~

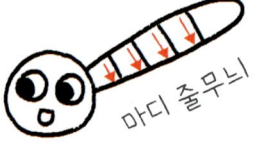
마디 줄무늬

기다란 날개

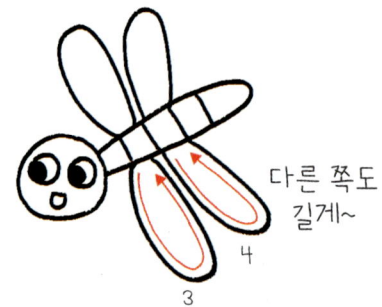
다른 쪽도 길게~

자연·곤충

부지런한 개미·애벌레·달팽이

○ 작은 동그라미

꺾인 더듬이
눈 입

가운데가 더 작게!

다리 여섯 개

○ 머리 그리기

더듬이
눈 입

○ 동글동글 네 개

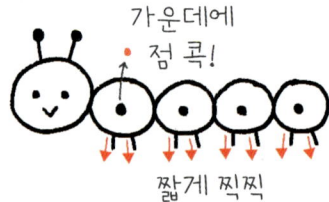
가운데에 점 콕!
짧게 찍찍

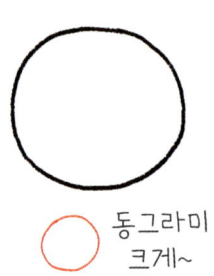
동그라미 크게~

뱅그르르 무늬

얼굴부터 몸통까지
이어서 그리기

눈 입

서로 닮은 장수풍뎅이와 사슴벌레

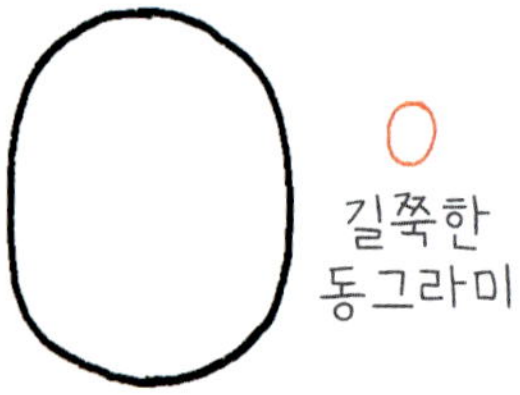

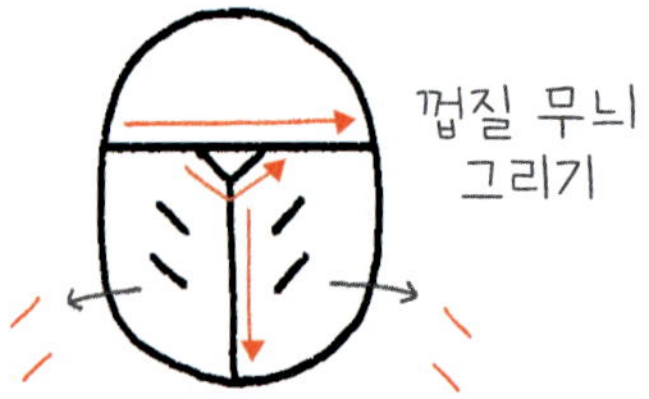

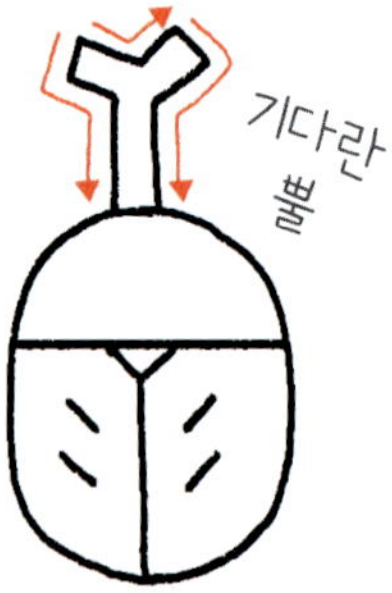

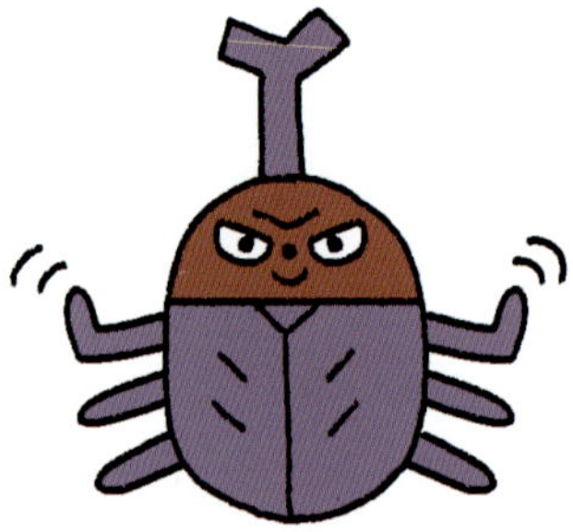

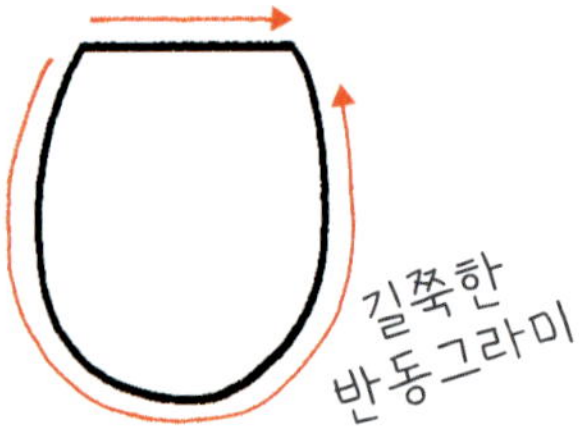

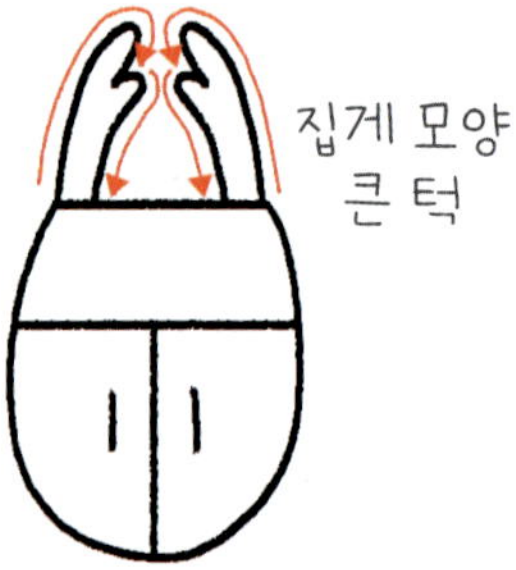

자연·곤충

길쭉한 동그라미

껍질 무늬 그리기

기다란 뿔

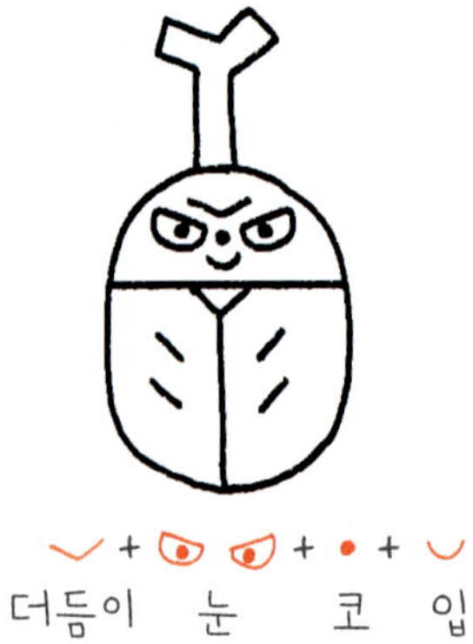

더듬이 눈 코 입

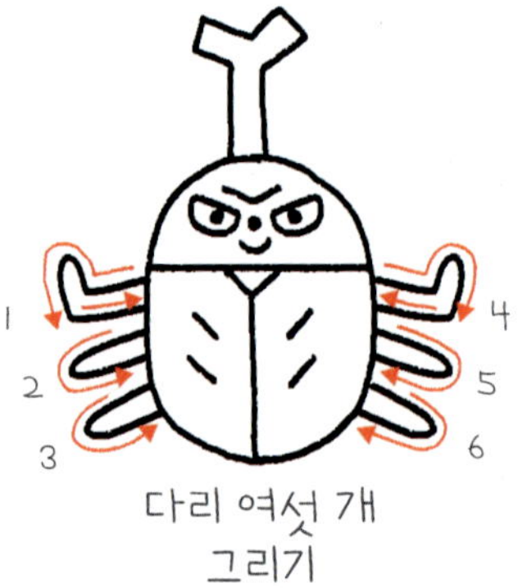

다리 여섯 개 그리기

길쭉한 반동그라미

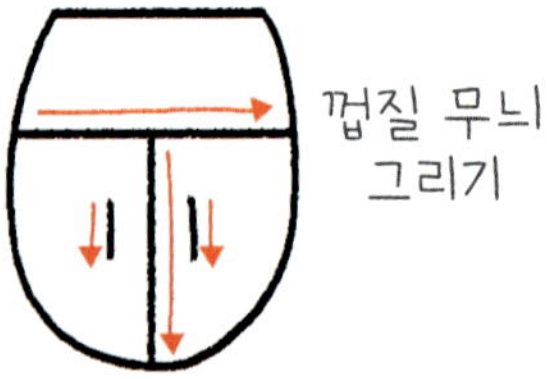

껍질 무늬 그리기

집게 모양 큰 턱

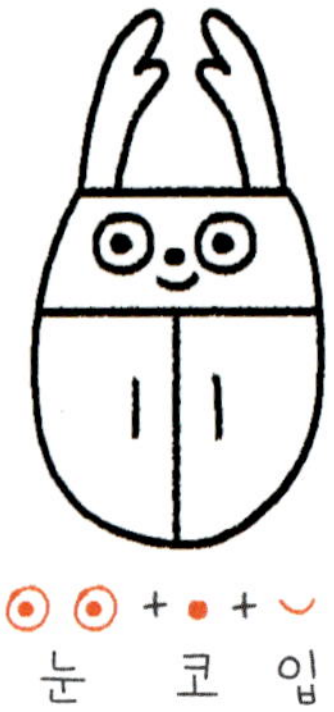

눈 코 입

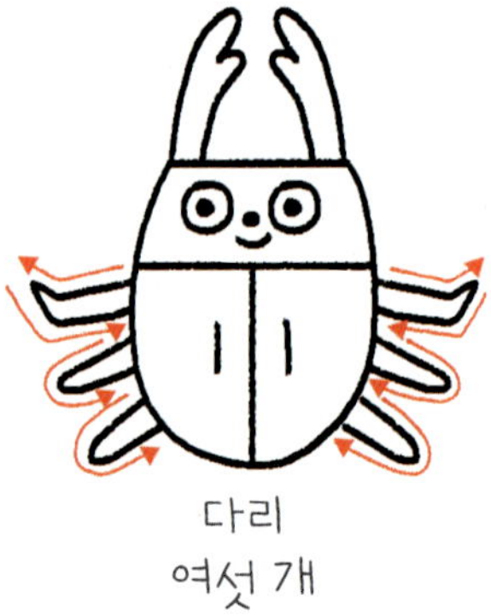

다리 여섯 개

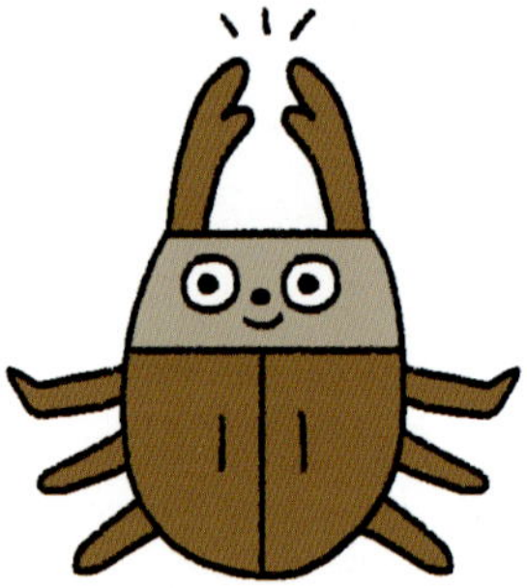

자연·곤충

감사의 꽃! 장미와 카네이션

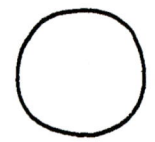
○ 동그라미

순서대로
쉽게 그려요

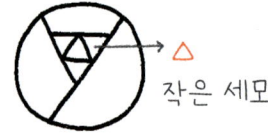
작은 세모

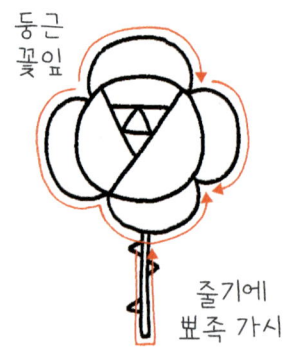
둥근 꽃잎
줄기에 뾰족 가시

줄기랑 잎사귀

볼록볼록 꽃잎

세 개 더 그리기

선 쭉쭉
연필로 동그라미 연하게 밑그림

동그라미 따라 뾰족뾰족 이어 그리기

아래로 리본 길게~

92

감사해요

사랑해요

자연·곤충

활짝 핀 해바라기·코스모스·튤립

○ 동그라미 크게~ | 동글동글 | 아래도 채우기 | 세 줄씩 가로세로

줄기 그리기 | 커다란 하트 잎

작은 동그라미

볼록 꽃잎 그리기

가느다란 줄기

비스듬한 반동그라미

뾰족뾰족 나머지 꽃잎

네모 줄기에 휘어진 잎

자연·곤충

재밌는 모양의 나무

○ 동그라미

○ 아래에 크게~

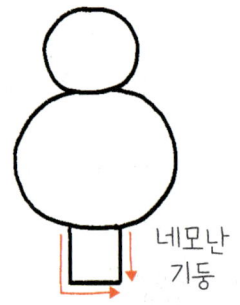
네모난 기둥

△ 작은 세모

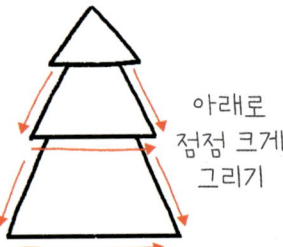
아래로 점점 크게 그리기

네모

볼록볼록 풍성하게

나무 기둥

양쪽 나뭇가지 쓱쓱~

작은 잎사귀

가운데 쭉!

잎맥 찍찍

위로 동글 세 번

아래로 두 번

쭉쭉~

96

 음식

새콤달콤 사과·딸기·포도·바나나

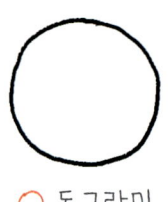 동그라미
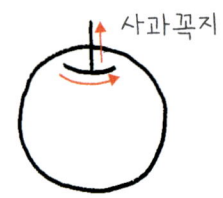 사과꼭지
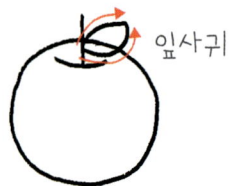 잎사귀

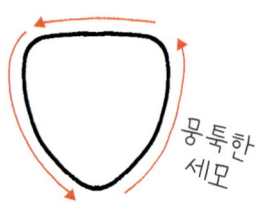 뭉툭한 세모
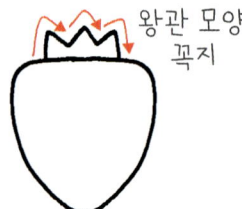 왕관 모양 꼭지
 딸기 씨 콕콕콕!

 동그라미 세 개
 두 개 한 개
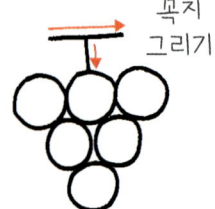 꼭지 그리기

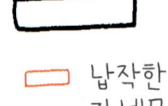 납작한 긴 네모
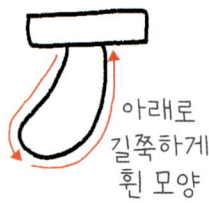 아래로 길쭉하게 휜 모양
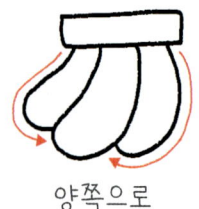 양쪽으로 하나씩 더!

 음식

몸이 튼튼! 토마토·버섯·당근·수박

눌린 하트 | ㅣ + 십자 모양 그리기 | ✲✲ 대각선 겹쳐 그리기 |

위로 볼록~ / 약간 물결처럼 | ✕ 무늬 그리기 | 둥그런 자루 |

길쭉 둥그런 세모 | 네모 줄기 | 무늬 그리기 |

동그라미 크게~ | 꼬부랑 꼭지 | 지그재그 줄무늬 |

102

음식

달달한 도넛·아이스크림·쿠키

○ 동그라미 그리기

안에 작은 동그라미

물결 그리기

스프링클 무늬

□ 납작하게 긴 네모

뾰족 세모

동글동글 / 아이스크림 쌓기

구불구불

빗금 그리기

○ 동그란 얼굴

양팔 그리기

겨드랑이에서 발까지 슉슉~

눈썹 / 눈 / 코 / 입

음식

케이크와 컵케이크로 축하 파티

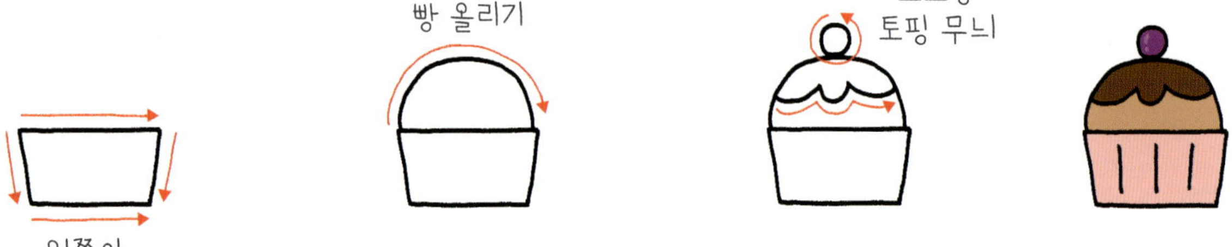

□ 위에 작은 네모

안에 동글동글 생크림

커다란 긴 네모

옆으로 길게 쭈욱~

촛불 그리기

장식 넣기

윗쪽이 더 넓은 네모

동그랗게 빵 올리기

초코랑 토핑 무늬

106

 탈것

씽씽 도로를 달리는 자동차

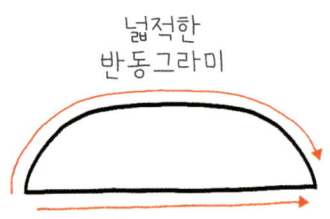
넓적한 반동그라미

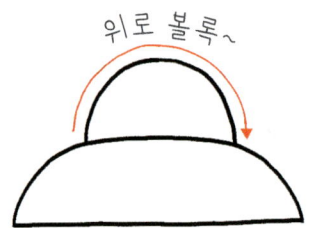
위로 볼록~

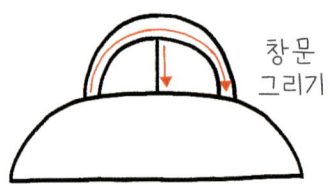
창문 그리기

○ 동글동글 바퀴 두 개

동그랗게! / 네모 그리기

▭ 옆으로 긴 네모

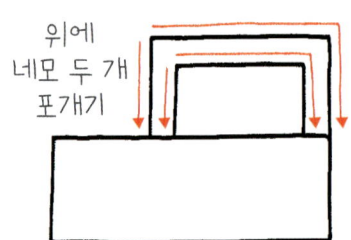
위에 네모 두 개 포개기

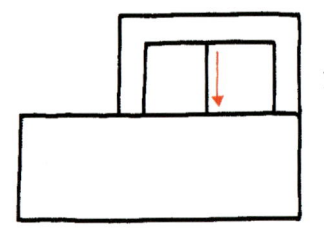
가운데 선 찍!

○ 바퀴를 그려요

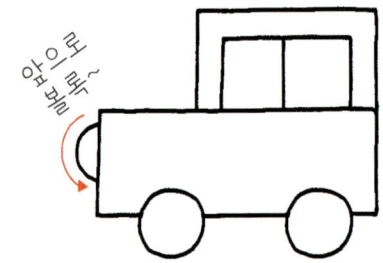
앞으로 볼록~

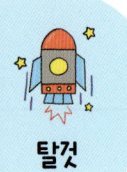

부릉부릉 버스와 아이스크림 트럭

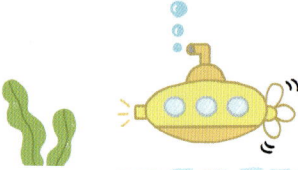

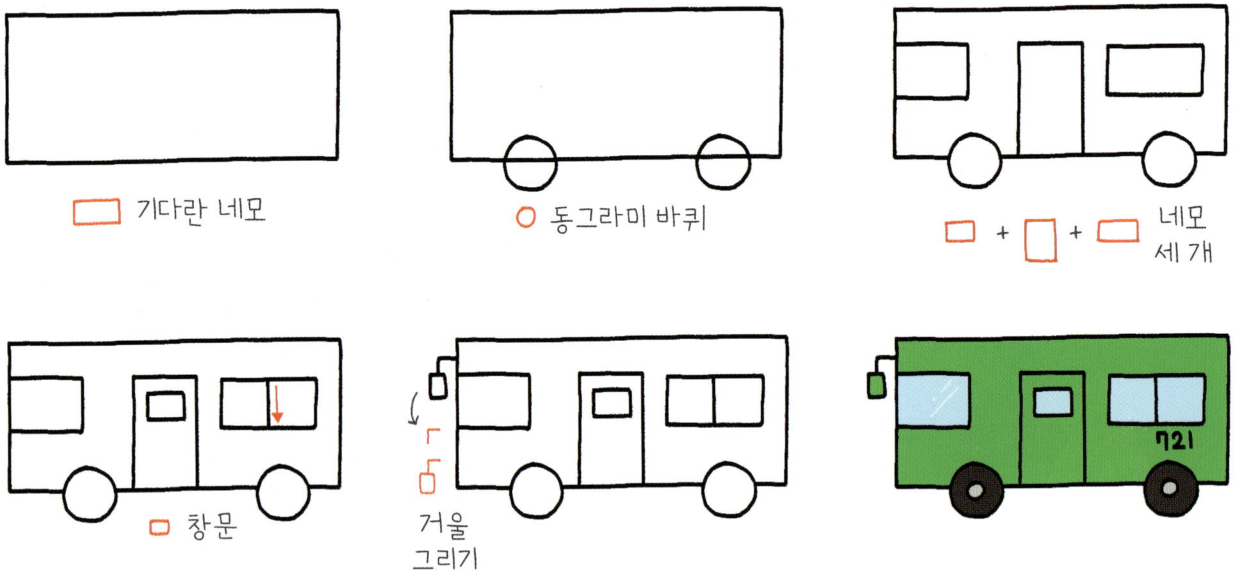
기다란 네모
동그라미 바퀴
+ + 네모 세 개
창문
거울 그리기
721

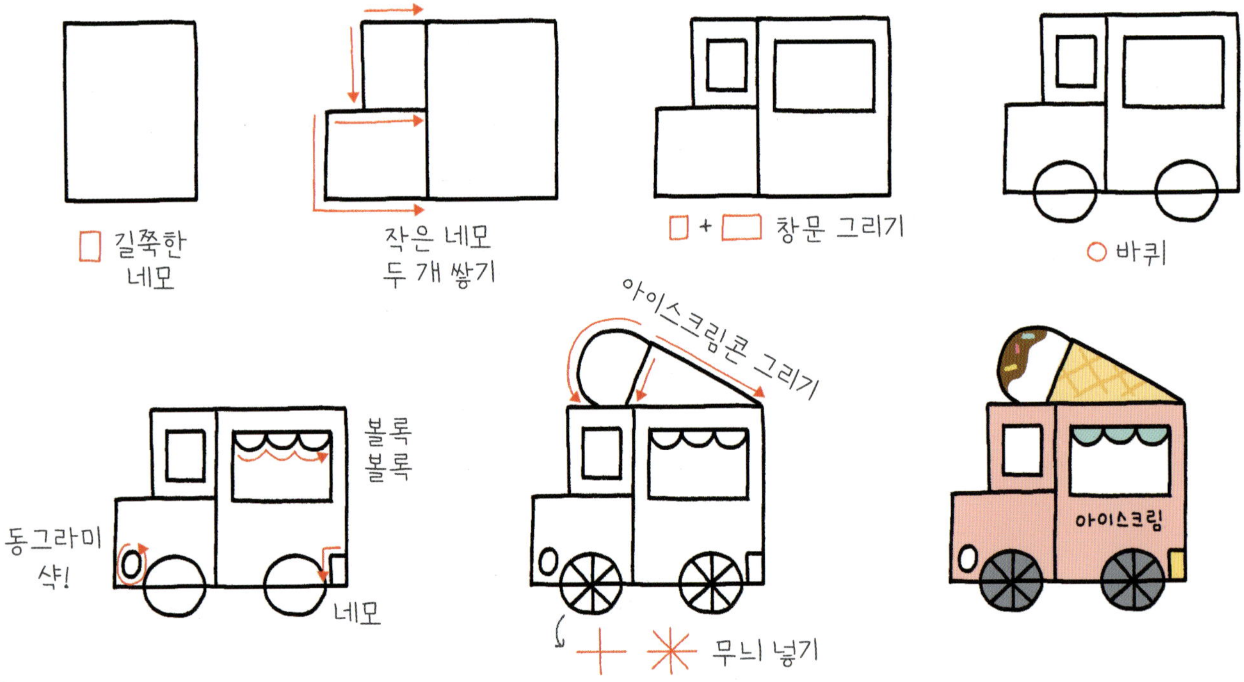
길쭉한 네모
작은 네모 두 개 쌓기
+ 창문 그리기
바퀴
볼록 볼록
동그라미 샥!
네모
아이스크림콘 그리기
무늬 넣기
아이스크림

탈것

생명을 구하는 구급차와 소방차

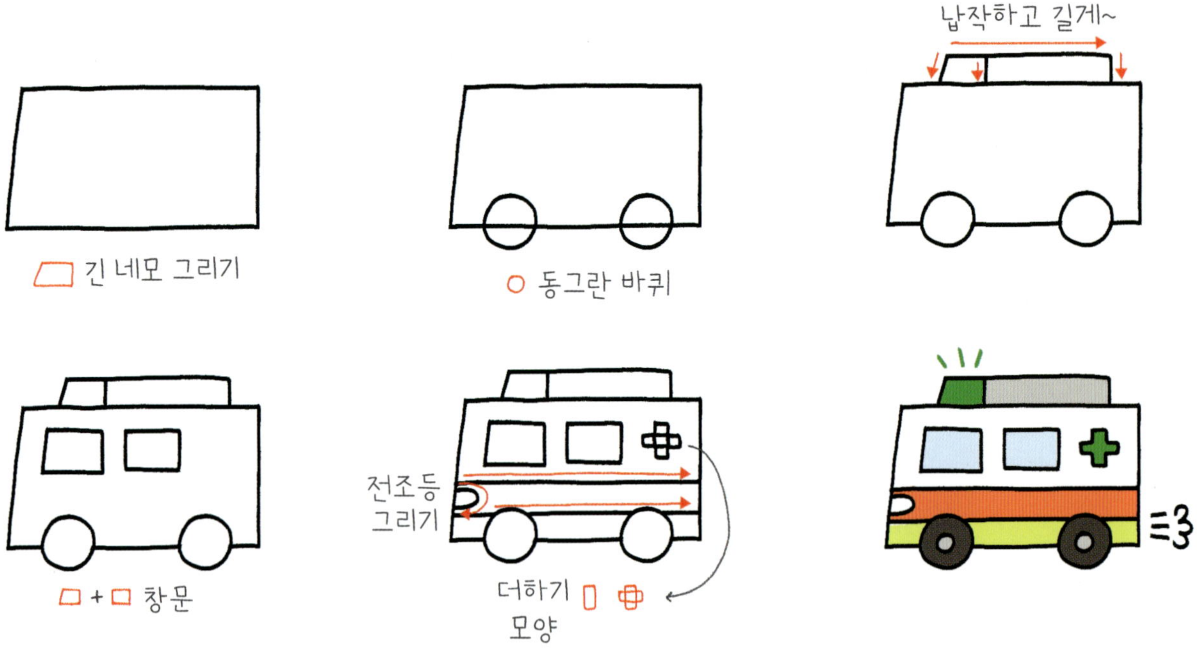

납작하고 길게~

▱ 긴 네모 그리기

○ 동그란 바퀴

▱ + ▢ 창문

전조등 그리기

더하기 모양   ▢ ✚

네모를 붙여 그려요

○ 바퀴 세 개

◯ ◓ 사이렌

▢ + ─ 창문 손잡이

쭉쭉~

사다리는 위로 길게

안쪽에 지그재그

◉ ◉ 호스 그리기

119

114

탈것

출동! 경찰차와 헬리콥터

🔲 네모가 옆으로 기다랗게~

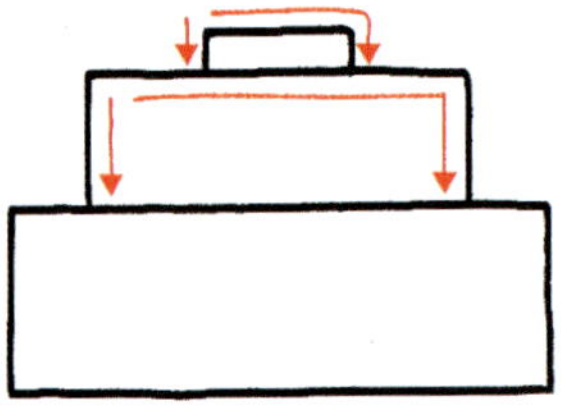

작은 네모 위로 쌓기

찍찍!

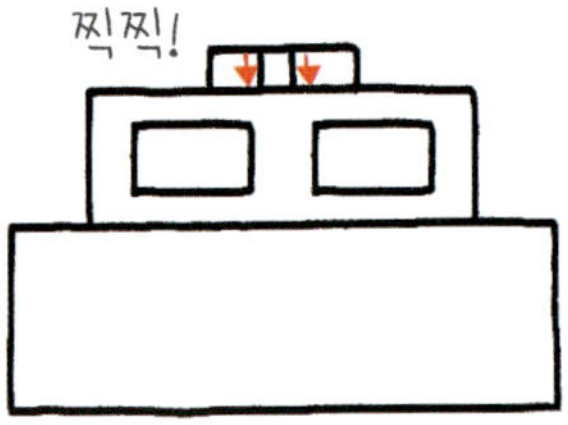

🔲 창문 두 개

⚪ ◎ 동글동글 바퀴

선 길게 쭈욱~

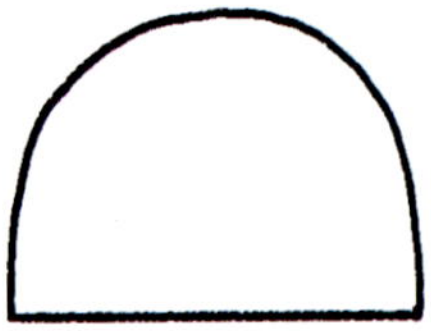

🔲 반동그라미

커다란 창문

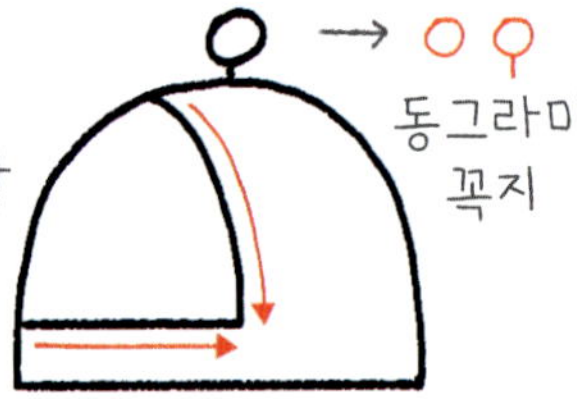

동그라미 꼭지

프로펠러 그리기

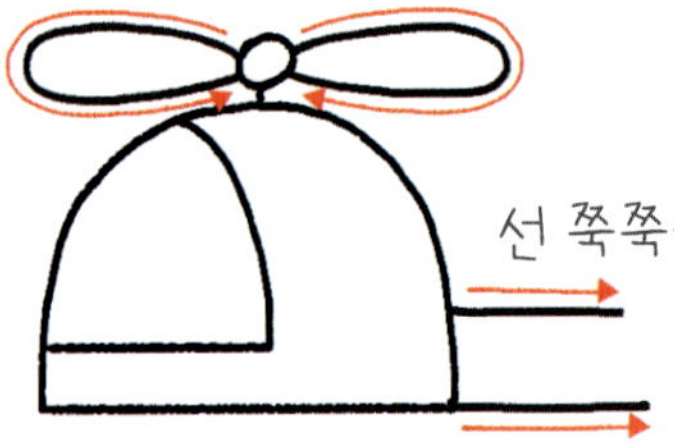

선 쭉쭉~

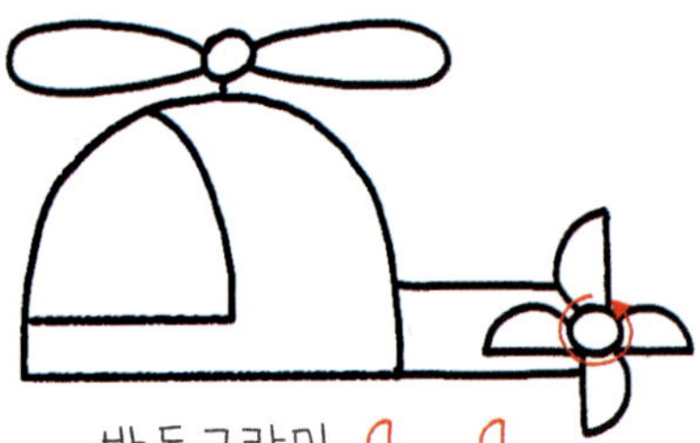

반동그라미 작은 날개

▬ + ▬ 네모 합쳐서 그리기

탈것

쿠궁쿠궁 포크레인과 레미콘

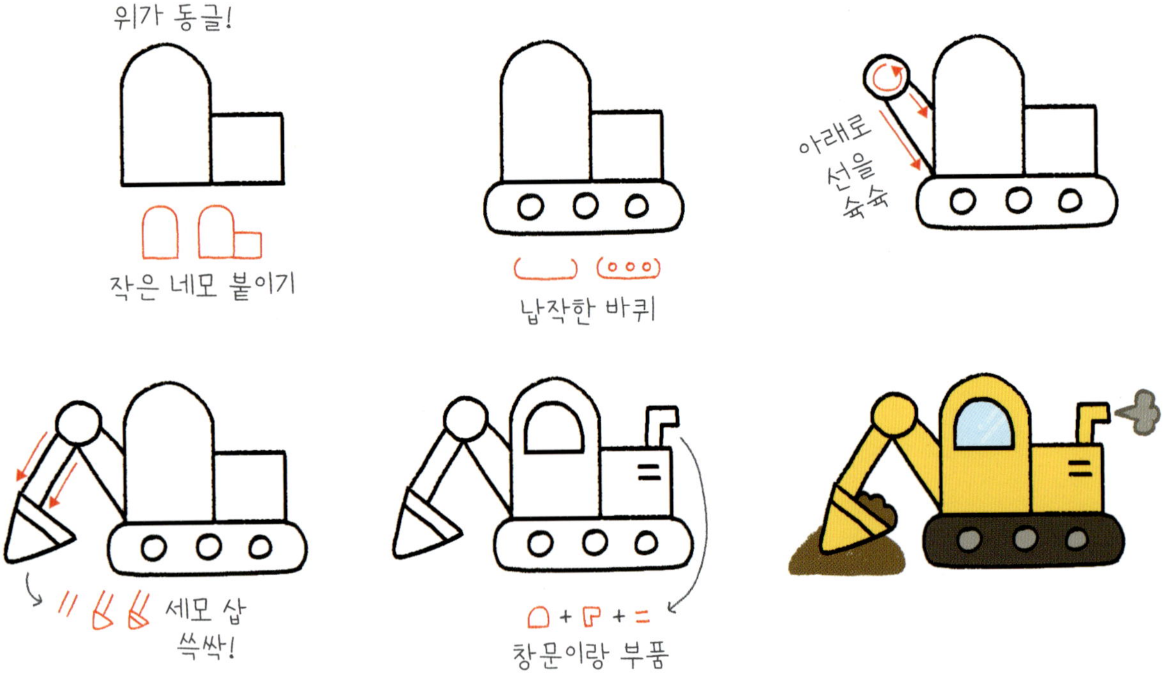

위가 동글!

작은 네모 붙이기

( ) (ooo)
납작한 바퀴

아래로 선을 슉슉

∥ ♢♢ 세모 삽 쓱싹!

◠ + ◗ + =
창문이랑 부품

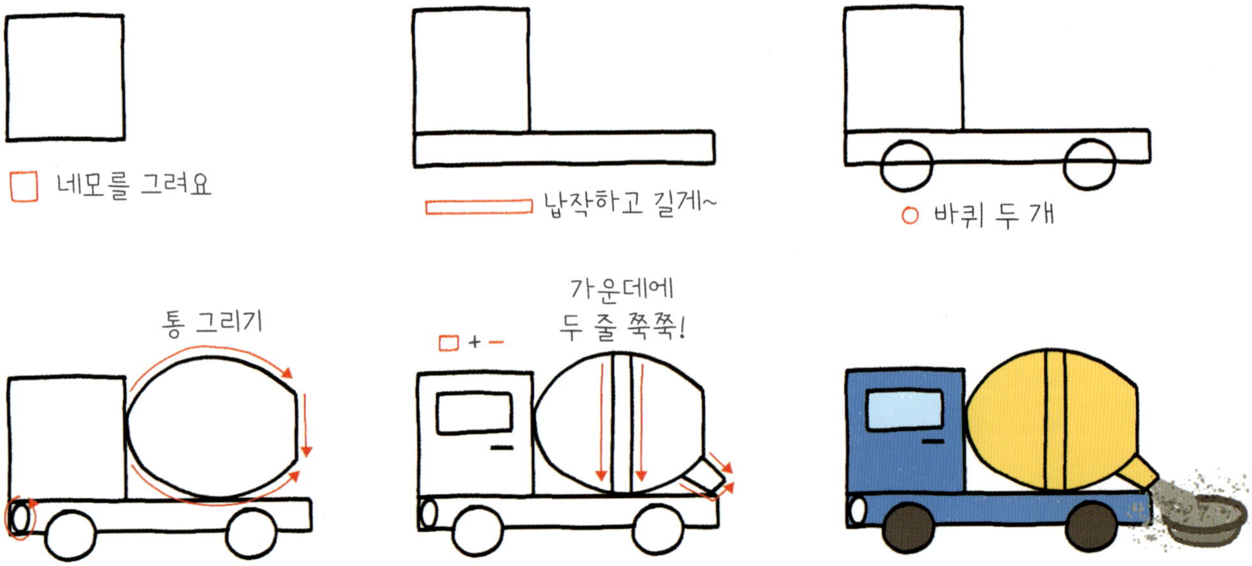

☐ 네모를 그려요

▭ 납작하고 길게~

○ 바퀴 두 개

통 그리기

□ + −
가운데에 두 줄 쭉쭉!

쌩쌩 빠른 고속 기차

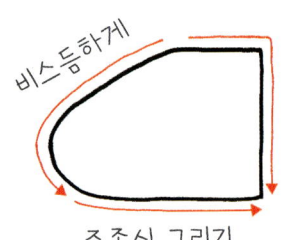
비스듬하게
조종실 그리기

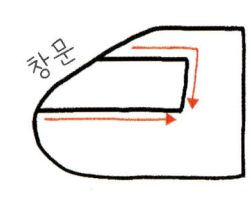
창문

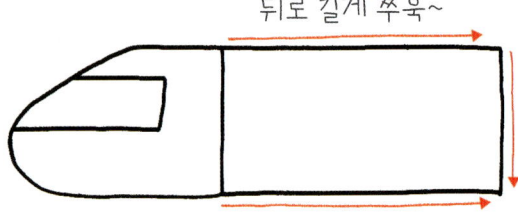
뒤로 길게 쭈욱~

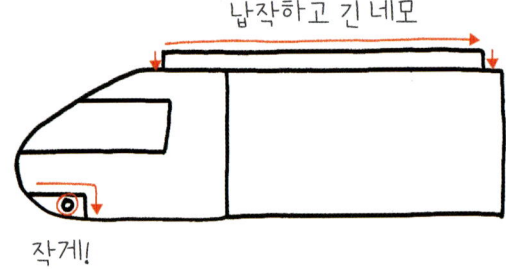
납작하고 긴 네모
작게!

바퀴는 아래만
살짝 보이게

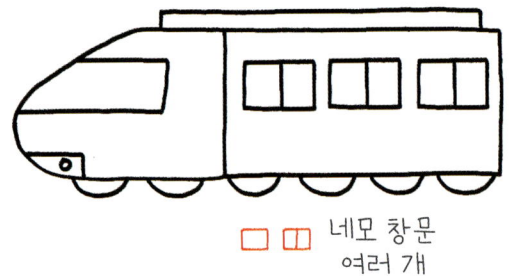
☐ ☐ 네모 창문
여러 개

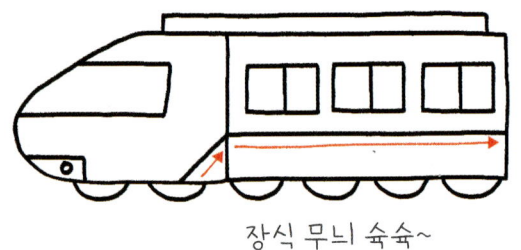
장식 무늬 슥슥~

120

탈것

하늘 위로 피슝! 로켓과 비행기

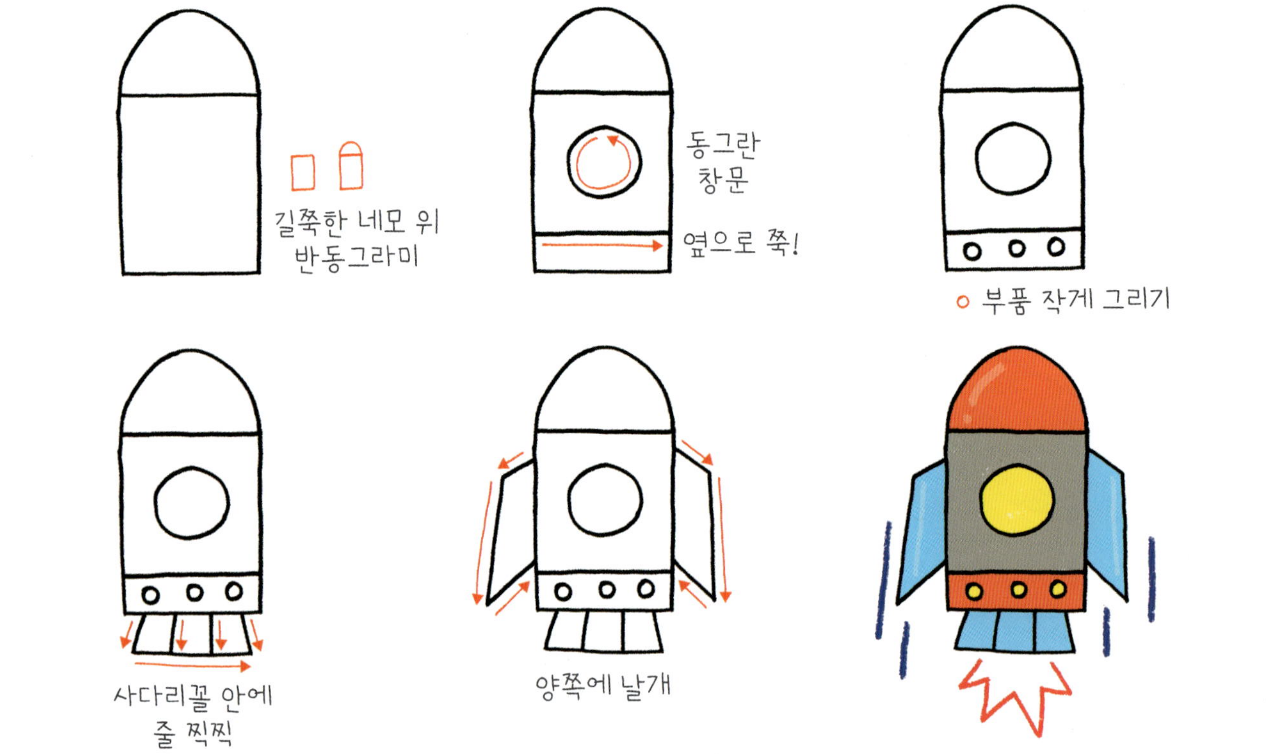

길쭉한 네모 위 반동그라미

동그란 창문 옆으로 쭉!

부품 작게 그리기

사다리꼴 안에 줄 찍찍

양쪽에 날개

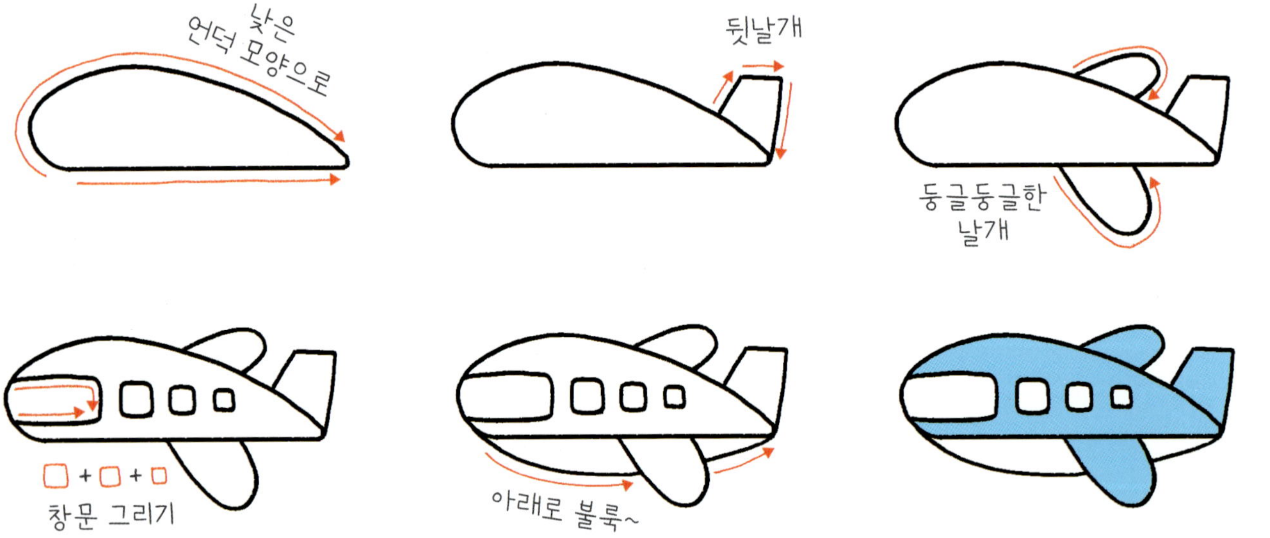

낮은 언덕 모양으로

뒷날개

둥글둥글한 날개

창문 그리기

아래로 볼록~

122

탈것

바다 탐험대! 배와 잠수함

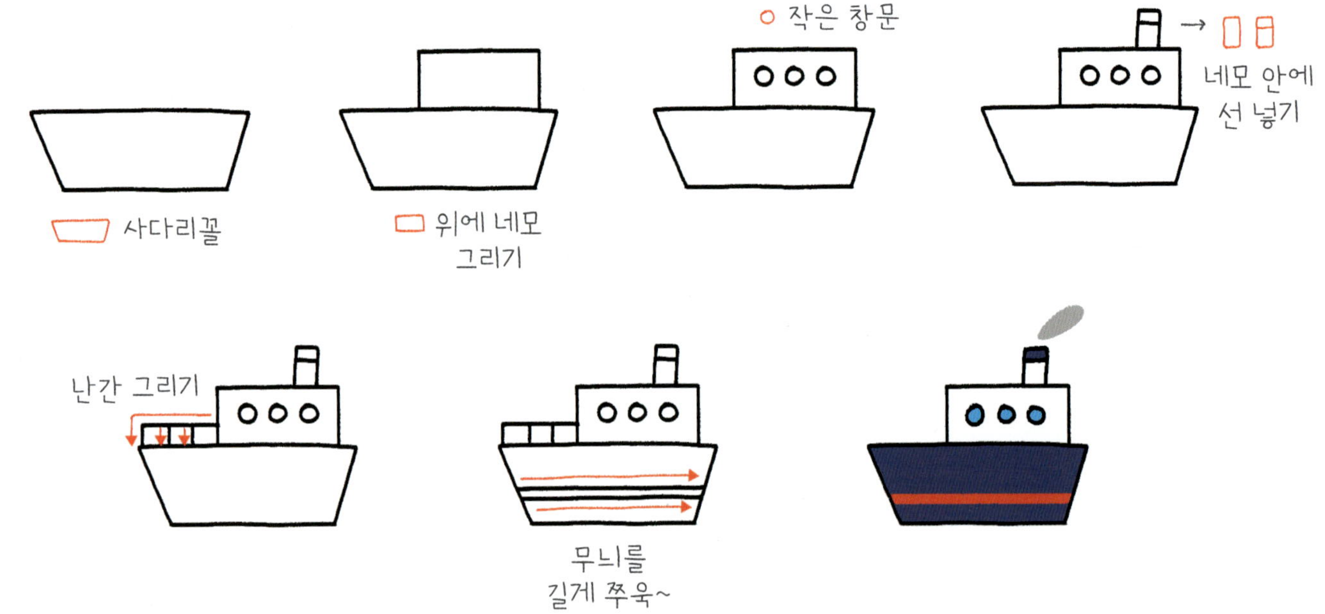

사다리꼴

□ 위에 네모 그리기

○ 작은 창문

네모 안에 선 넣기

난간 그리기

무늬를 길게 쭈욱~

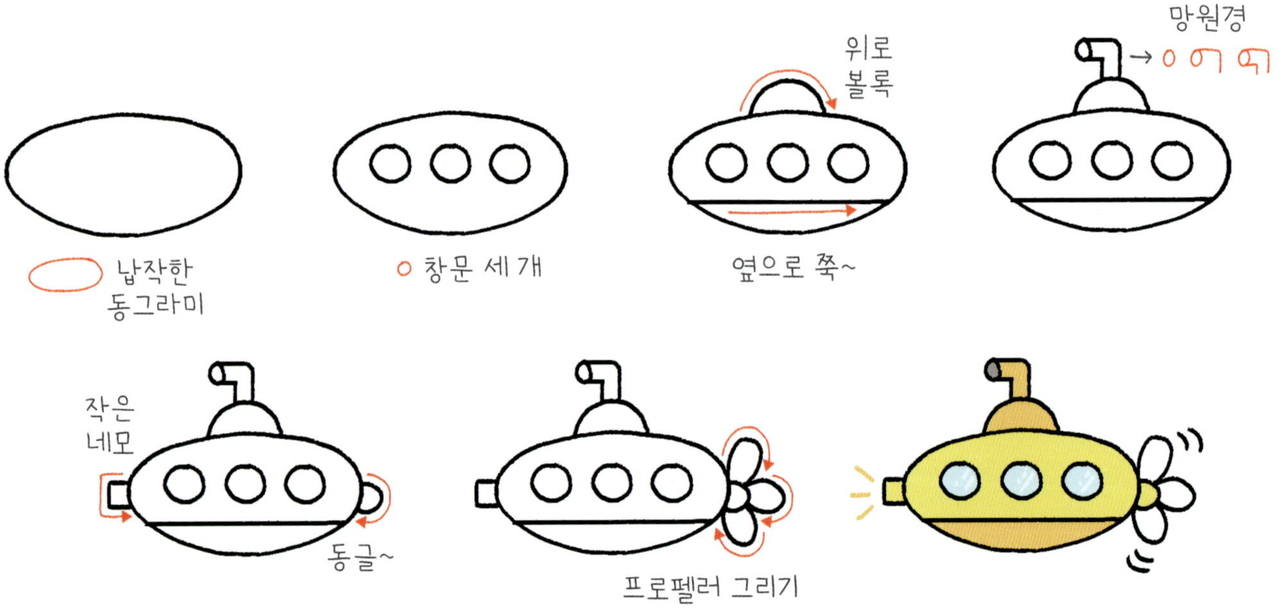

○ 납작한 동그라미

○ 창문 세 개

위로 볼록
옆으로 쭉~

망원경

작은 네모
동글~

프로펠러 그리기

Part 6 이야기

이야기

반짝반짝 별나라 요정

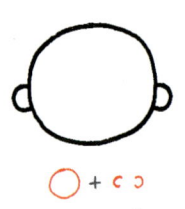
○ + ⊂⊃
얼굴 귀

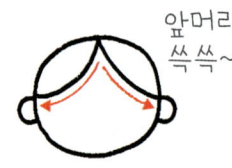
앞머리 쓱쓱~

• • + ㅇ + ⌣
눈 코 입

세모 모자
동글 머리

몸을 그려요

팔은 쭉~
손은 둥글게~

옆으로 넓게~
치마 그리기

다리랑 발

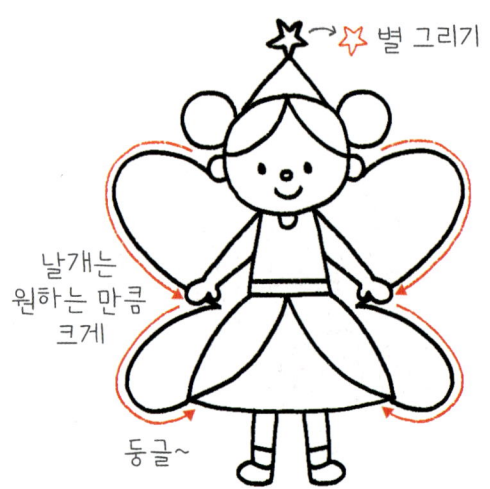
☆ 별 그리기
날개는 원하는 만큼 크게
둥글~

날개 달린 달빛 천사

이야기

귀는 하나만
얼굴 귀

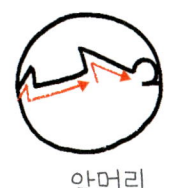
앞머리 그리기

눈 코 입

하나로 묶은 머리

뾰족 칼라
네모 몸

활짝 벌린 팔

레이스 볼록볼록

다리 그리기

아래로 동글동글
날개

이야기

안녕! 빨간 머리 인어공주

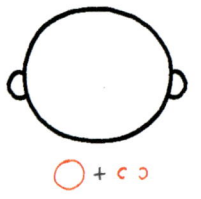
얼굴 귀

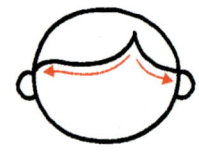
가르마 쓱싹~

눈 코 입

목이랑 어깨 이어지게

리본 그리기

한쪽 팔은 접힌 모양

둥글 휘어지는 꼬리

볼록 무늬

끝은 새싹 모양

구불구불 긴 머리

130

샤랄라 리본 공주

이야기

○ + ⊂⊃
얼굴 귀

동글동글
앞머리

◉◉ + ○ + ⌣
눈 코 입

목 아래로
네모 몸

드레스는
풍성하게
쓱쓱

양쪽
동글~

팔과
손 그리기

뾰족
뾰족

긴~
머리

왕 리본

작은
리본

레이스

씩씩하고 멋진 왕자

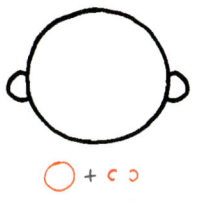
얼굴 귀

앞머리는
꿀렁꿀렁~

눈 코 입

납작
동그라미
뾰족

몸 그리기
허리 선
두 줄!

팔은 길게

쭉~
뻗은
다리

왕관
그리기

손 아래로
망토 이어지게

이야기

펄럭펄럭 깃발 꽂은 성

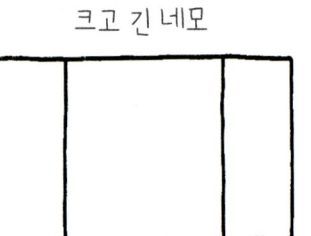
크고 긴 네모
선 두 줄 쭉쭉~

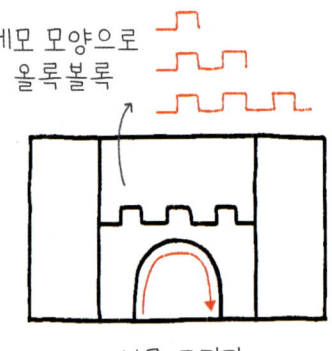
네모 모양으로 올록볼록
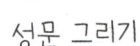
성문 그리기

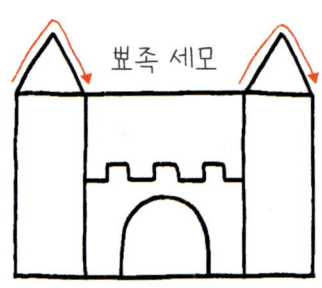
뾰족 세모

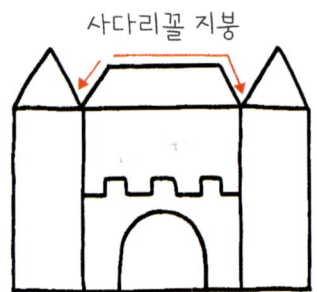
사다리꼴 지붕

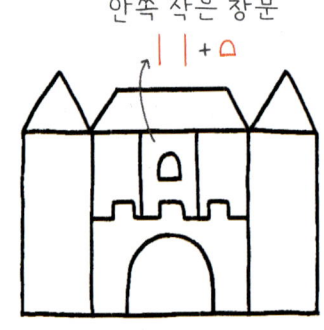
안쪽 작은 창문
||+◠

가운데 세모
◠ 양쪽 창문 두 개

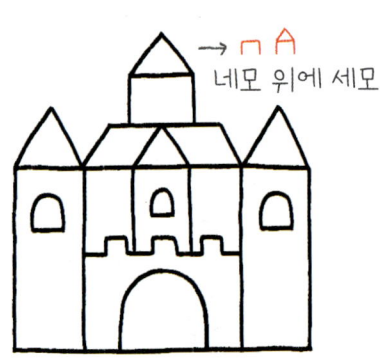
⊓⌂ 네모 위에 세모

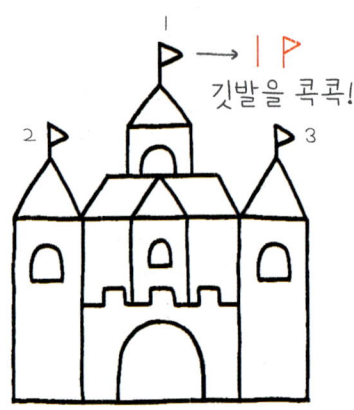
|▸ 깃발을 콕콕!

지구를 지켜라! 용감한 영웅

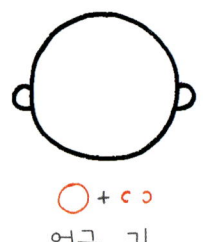
얼굴 귀

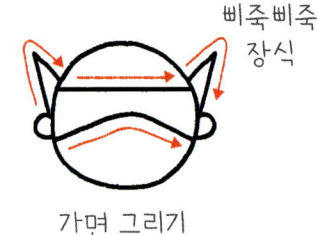
가면 그리기

눈 코 입

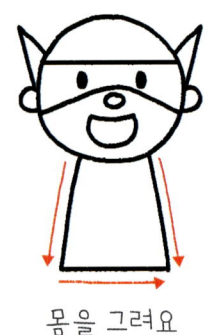
몸을 그려요

허리에 손!

다리랑 납작한 신발 그리기

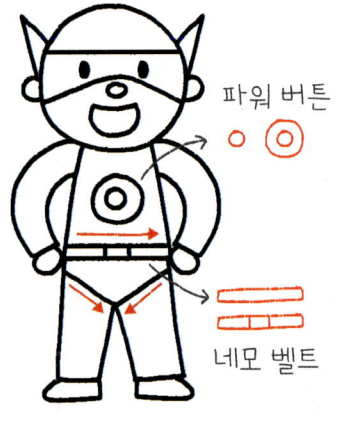
파워 버튼
네모 벨트

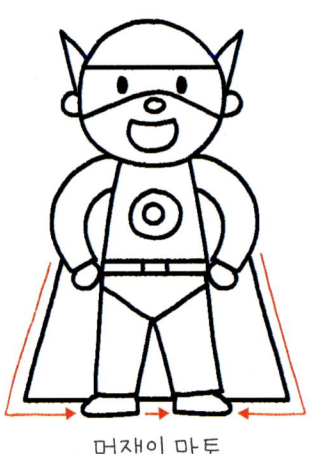
멋쟁이 망토

삐리삐리 무적의 로봇

이야기

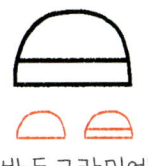
반동그라미에
선 긋기

눈썹 눈 입

커다란 몸통

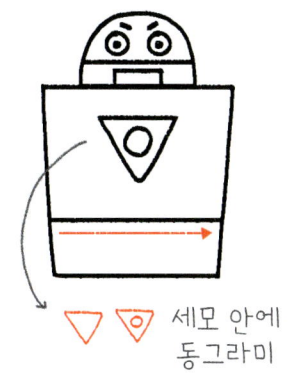
세모 안에
동그라미

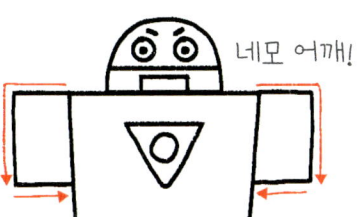
네모 어깨!

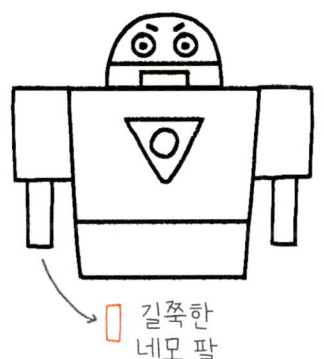
길쭉한
네모 팔

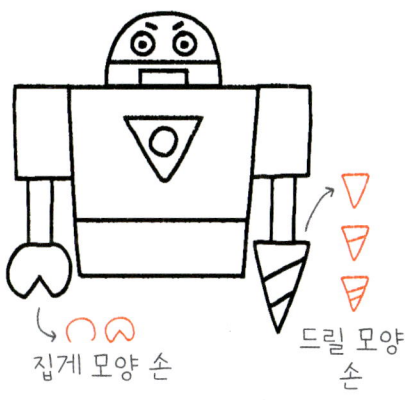
집게 모양 손   드릴 모양
　　　　　　　　　손

두껍고 강한
다리

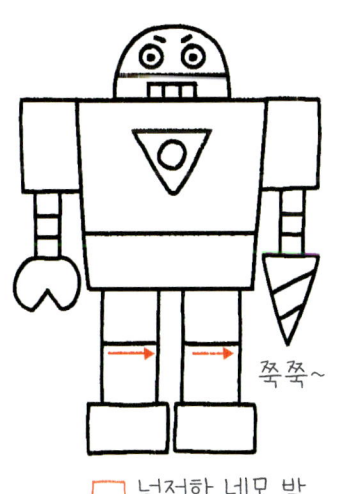
쭉쭉~
넓적한 네모 발

137

이야기

비상! 우주 괴물 등장

○ 둥글납작~

더듬이 눈

입 안에 뾰족 이빨

장갑 모양 손

다리 그리기

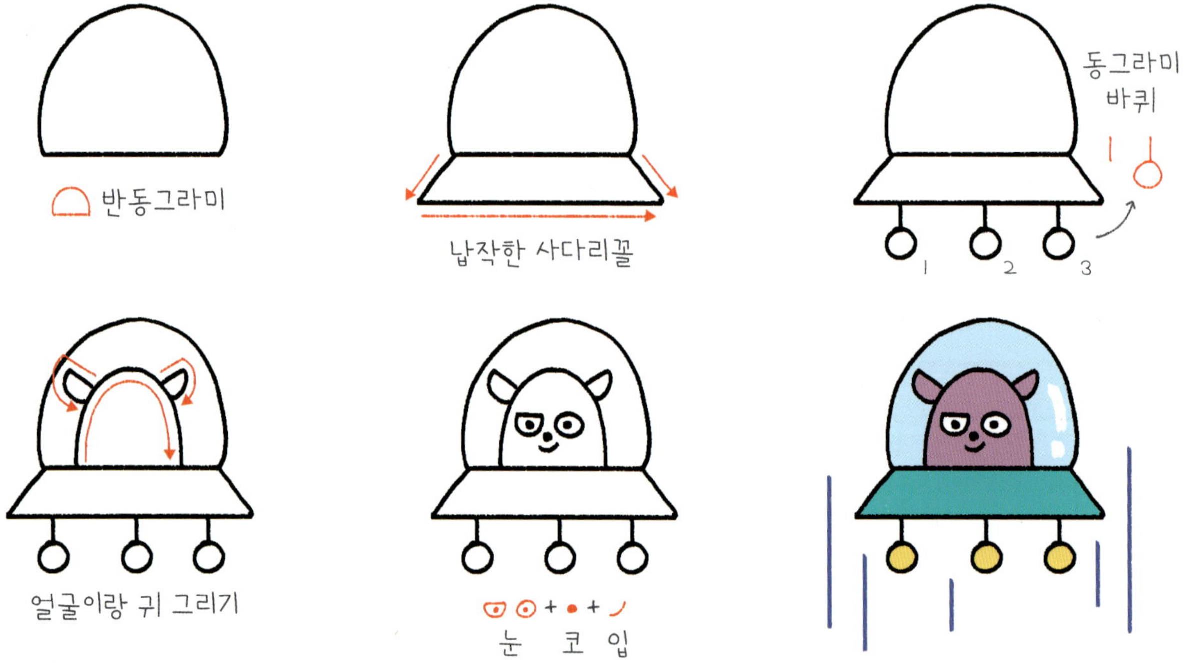

반동그라미

납작한 사다리꼴

동그라미 바퀴

얼굴이랑 귀 그리기

눈 코 입

138

이야기

선물 가득! 산타클로스

산타 모자
그리기

코 그리고
모자랑 선 잇기

눈 입

수염은 구름처럼
풍성하게

배는
통통하게~

위로
올린 팔 / 굽힌 팔
그리기

다리 아래
뾰족 신발

보따리는
크게 둥글~

옷 장식
그리기

썰매를 끄는 루돌프 사슴

이야기

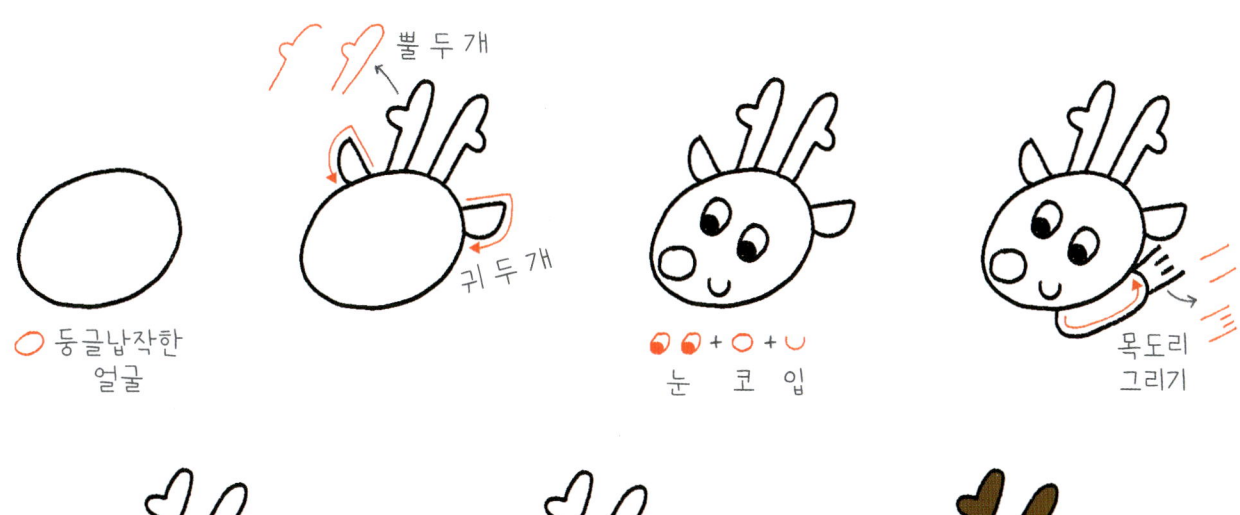

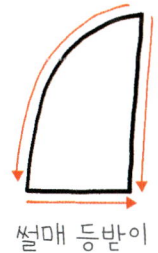
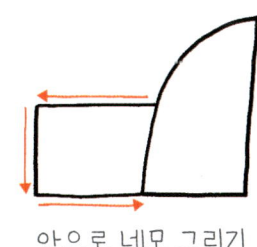
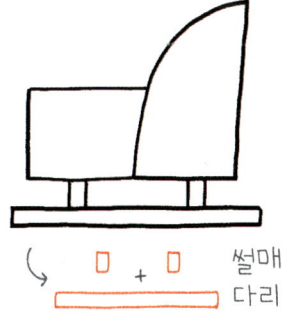

141

이야기

눈사람·선물 상자·양말 주머니

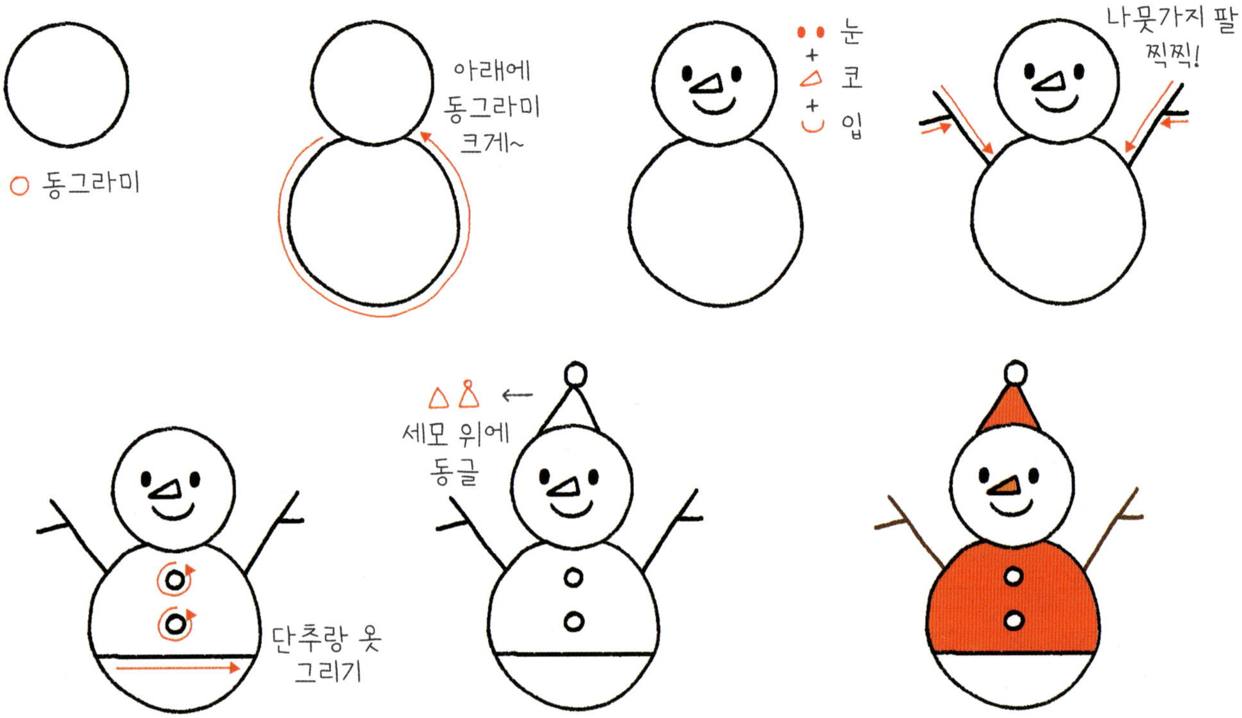

○ 동그라미

아래에 동그라미 크게~

눈 + 코 + 입

나뭇가지 팔 찍찍!

단추랑 옷 그리기

세모 위에 동글

□ 길쭉한 네모

리본 그리기

비스듬한 선

쫙쫙!

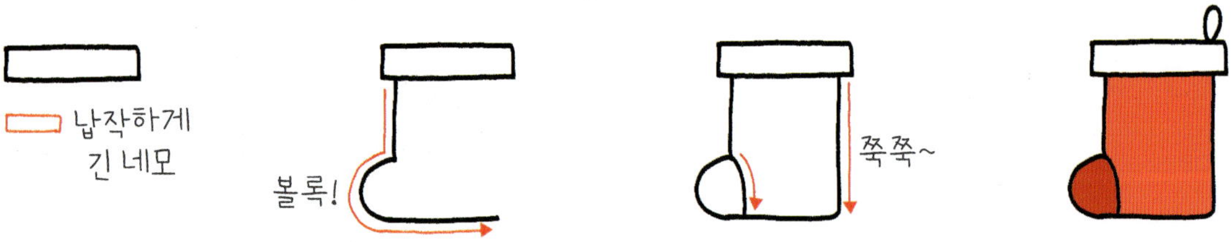

□ 납작하게 긴 네모

볼록!

쭉쭉~

하늘을 나는 뽀로롱 마녀

뾰족 모자 그리기

귀는 하나만

동그라미 세 개로 뒷머리 그리기

눈 코 입

몸통 쭉쭉~

팔이랑 손 하나

다리랑 뾰족 신발

납작 비스듬한 네모

안쪽 선 쭉쭉~

핼러윈데이 손님 호박과 해골

이야기

○ 동그라미 얼굴

△ △ + △
세모 눈 코

입 안에 네모 이빨

네모 아래 동그라미 꼭지

아래로 줄 쭈욱~

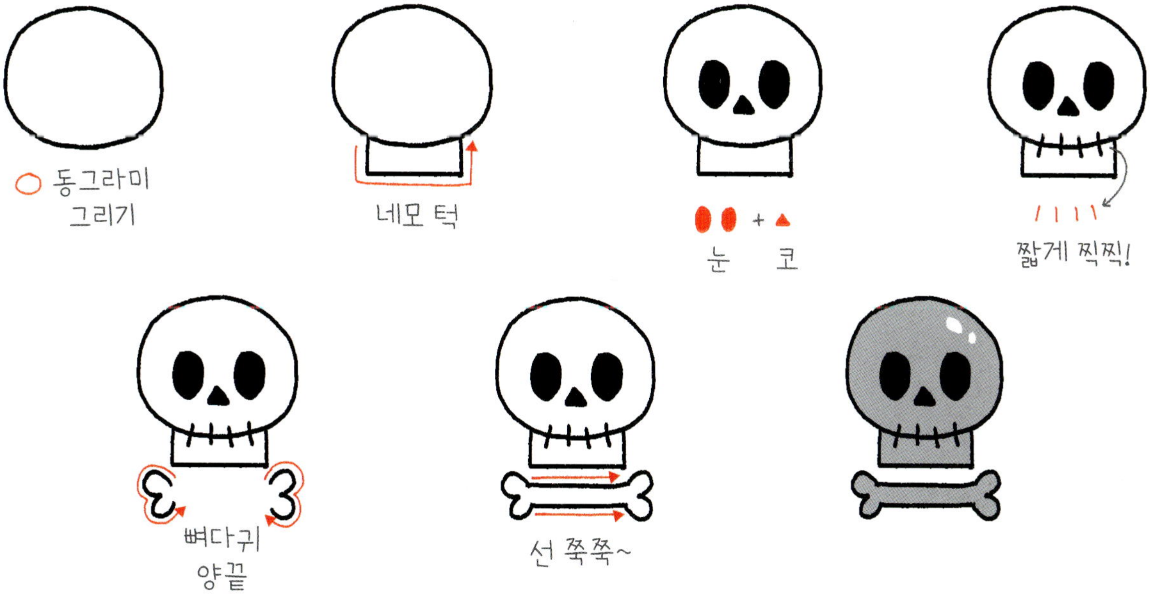

○ 동그라미 그리기

네모 턱

눈 코

짧게 찍찍!

뼈다귀 양끝

선 쭉쭉~

145

으스스한 박쥐·유령·거미

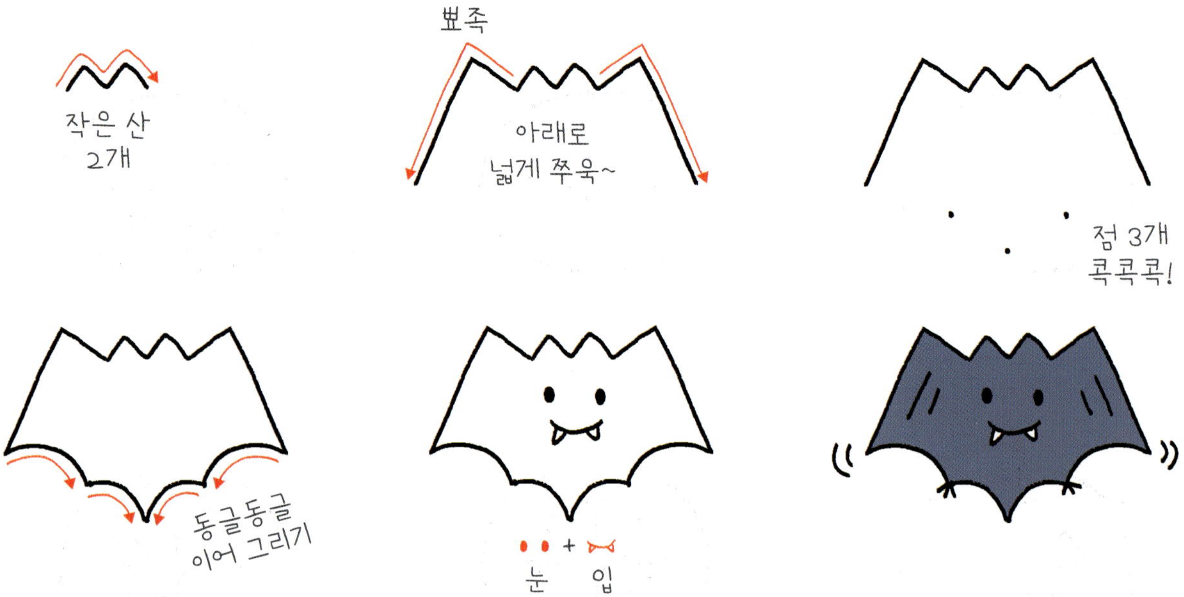

작은 산 2개

뾰족
아래로 넓게 쭈욱~

점 3개 콕콕콕!

동글동글 이어 그리기

눈 입

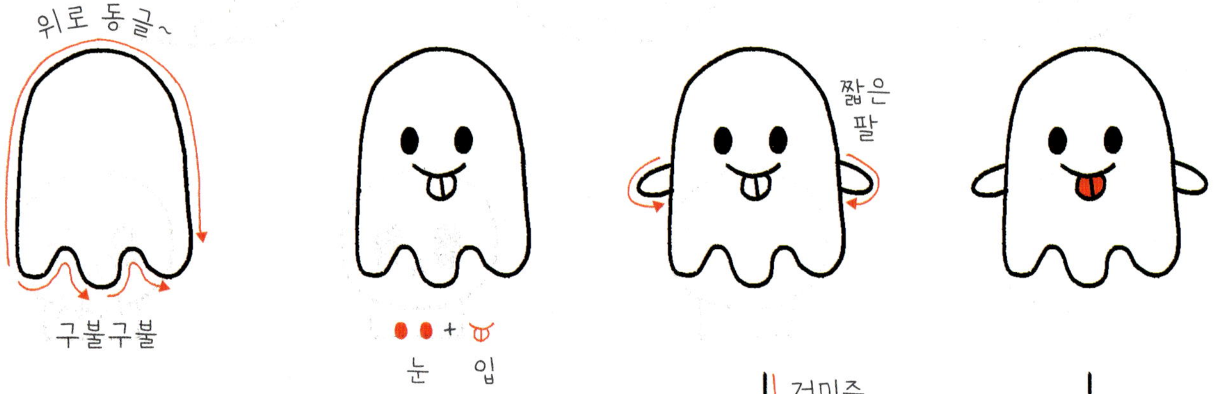

위로 동글~
구불구불

눈 입

짧은 팔

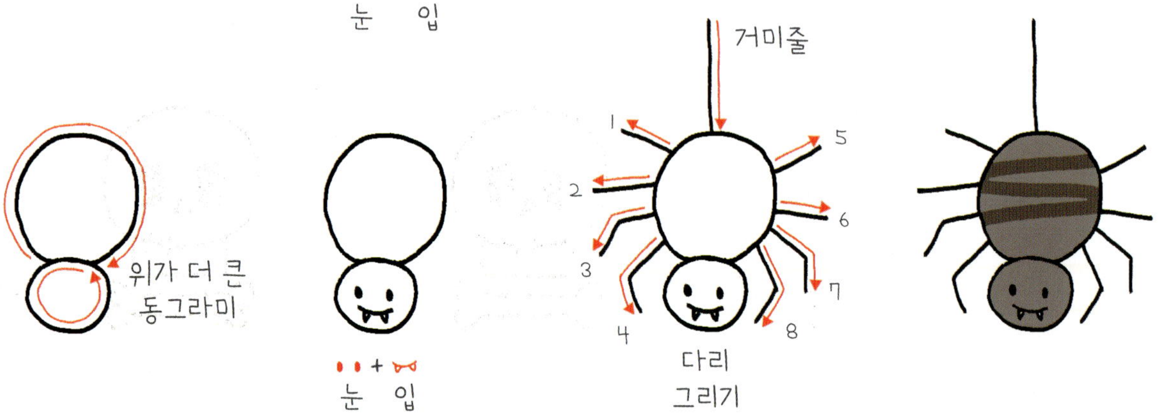

거미줄

위가 더 큰 동그라미

눈 입

다리 그리기

146

특별 부록!
'랜덤 그림놀이'에 사용할
말 만드는 법

1. 사용할 말은 오리는 선을 따라 가위로 자르세요.
2. 접는 선을 따라 종이를 접으세요(①).
3. '풀칠'이 적힌 면에 접착제를 바르고
   양 끝을 붙여서 세우면 말이 완성됩니다(②).

----------- 오리는 선
- - - - - - 접는 선

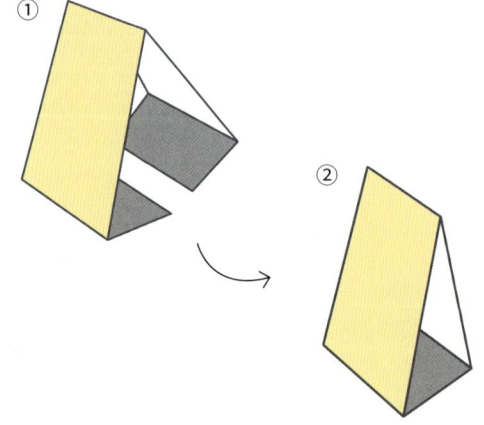

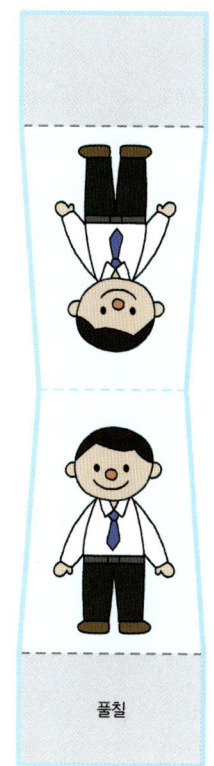
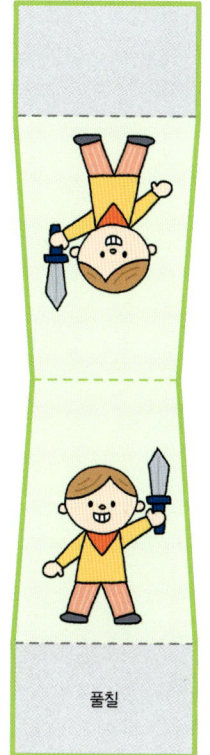
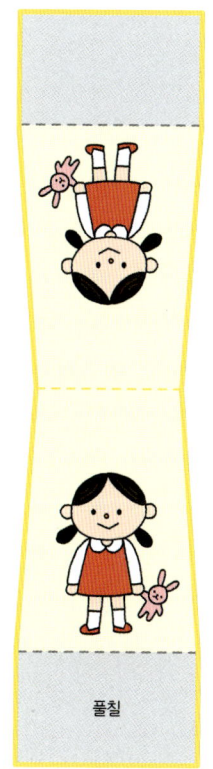

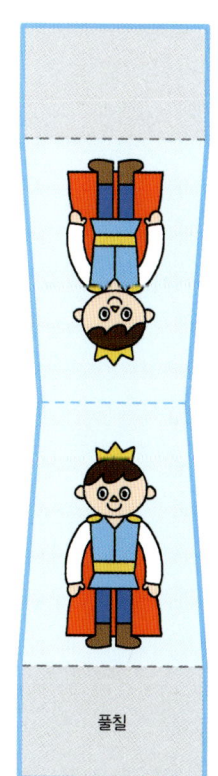

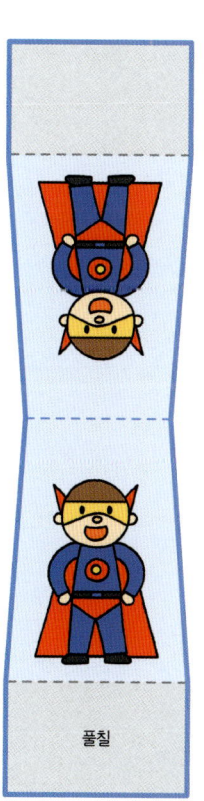

풀칠

0

풀칠 풀칠

2 1 3 4

풀칠 풀칠

5

풀칠

5

풀칠 풀칠

4 3 1 2

풀칠 풀칠

0

풀칠

가위로 자른 후 사용하세요

―― 오리는 선
---- 접는 선

151